MÉMOIRES

DU
CAPITAINE LANDOLPHE,

CONTENANT

L'HISTOIRE DE SES VOYAGES

PENDANT TRENTE-SIX ANS

AUX CÔTES D'AFRIQUE ET AUX DEUX AMÉRIQUES ;

Rédigés sur son manuscrit,

PAR J. S. QUESNÉ.

2 volumes in-8°, ornés de 3 gravures.

Prix, 12 fr., et 15 fr. par la poste.

A PARIS,

Chez ARTHUS BERTRAND, Libraire, rue Hautefeuille, nº 23,

Pother aîné, Imprimeur-Libraire, rue Christine, nº 5.

Prospectus.

Un arquebusier du roi se marie ; vingt-deux enfants sont le fruit de cette union. Le dernier d'une famille si nombreuse abandonne, à dix-huit ans, la maison paternelle, dans l'intention de venir à Paris : c'est l'auteur de ces *Mémoires*, et c'est à ce moment qu'il les commence pour les finir à la paix d'Amiens, époque où des douleurs de goutte intolérables le forcent à renoncer au service. M. Landolphe s'embarque à Nantes, se rend en Amérique, revient, repart, visite les côtes d'Afrique, s'entretient avec les souverains des Etats du Benin et d'Owhère, dont il est parfaitement accueilli ; fait long-temps la traite, donne à ce sujet des détails très-curieux, forme un établissement si lucratif qu'il lui rapportait un bénéfice de trente mille francs par jour.

C'est particulièrement sur ce centre de l'Afrique qu'il provoque l'attention du lecteur, par le récit d'une foule d'évènements d'un vif intérêt, qui lui sont personnels, et d'autant plus précieux que l'on ne saurait les révoquer en doute.

Aux mœurs des deux royaumes, encore inconnues jusqu'à nos jours, et que le capitaine a pu seul observer par les raisons que l'on verra dans son ouvrage, il ajoute la connaissance des productions et des animaux de ces contrées, sujet important qui doit attacher le lecteur le plus indifférent (1).

Après une aventure terrible et tout-à-fait romanesque, l'auteur passe de la marine marchande à la marine militaire. Parvenu au grade de capitaine de vaisseau, il commande une escadrille. Diverses rencontres,

____

(1) M. Landolphe est vivant, ainsi que beaucoup de personnes témoins des faits qu'il rapporte.

qui tiennent du prodige , signalent ses croi-
sières ; soixante-quatre vaisseaux pris , et huit
cent trente pièces de canon coulées bas at-
testent à la fois son adresse et sa valeur.

Annoncer que M. Quesné a rédigé ces
Mémoires, c'est rappeler au public l'éton-
nant succès de l'*Histoire de l'esclavage de
Dumont*. Cette déclaration suffit sans doute
pour piquer la curiosité des lecteurs, que
plusieurs éditions de ce dernier ouvrage
n'ont point encore lassés.

Les Mémoires paraîtront dans le courant
du mois d'avril prochain, avec trois gravures
sortant des mains d'habiles artistes. La première offre le portrait de l'auteur ; la seconde , celui du prince Boudakan (1) , jeune
homme accompli, moissonné par le poison
dans la fleur des ans , pour avoir voulu
étendre les lumières des Owhèriens ; et la
troisième représente l'habitation de M. Landolphe à l'île de Borodo (2).

Une *Table des Matières* termine chaque volume.

Nota. Déjà plusieurs journaux de Paris et des Départemens ont annoncé l'ouvrage comme devant être incessamment publié.

______

(1) Ce prince a passé deux années à Paris sous la
conduite de M. Landolphe.

(2) Elle a trente lieues de tour , et appartient encore
à la Compagnie.

______

J. M. EBERHART, IMPRIMEUR DU COLLÈGE ROYAL DE FRANCE,
RUE DU FOIN SAINT-JACQUES, N° 12.

MÉMOIRES

DU

CAPITAINE LANDOLPHE.

TOME I.

Le nombre d'exemplaires prescrit par la loi a été déposé. Tous les exemplaires sont revêtus de la signature de l'éditeur.

Culsné.

Cet ouvrage se trouve chez tous les Libraires de France, et à

Amsterdam, chez G. Dufour et comp.
Berlin, Schlesinger.
Bruxelles, Lecharlier.
Copenhague, Brummer.
Florence, Piatti.
Genève, { Paschoud. / Mauget et Cherbuliez.
Hambourg, Perthès et Besser.
Leipsick, { Brockhaus. / Barth.
Liège, { Desoer. / Latour.
Lisbonne, Pierre et George Rey.
Londres, J. B. Sowerby, nº 33, King-Street, Covent-Garden.
Madrid, Alonzo Perez.
Manheim, Artaria et Fontaine.
Milan, Giegler.

Moscou, Ris, père et fils.
Naples, { Marotta et Vanspaudoch. / Borel.
New-Yorck, H. C. Carey et comp.
La Nouvelle-Orléans, Pierre Roche frères.
Philadelphie, Carny et fils.
Rome, Romanis.
Saint-Pétersbourg, { Weyher. / Graff.
Stockholm, Bruzelius.
Stuttgard, Cotta.
Turin, { Bocca. / Pic.
Varsovie, Glucksberg.
Venise, Raimondini.
Vienne, Schaumbourg et comp.

J. M. EBERHART, IMPRIMEUR DU COLLÈGE ROYAL DE FRANCE, RUE DU FOIN SAINT-JACQUES, Nº 12.

J. F. LANDOLPHE,
Capitaine de Vaisseau.

MÉMOIRES

DU
CAPITAINE LANDOLPHE,

CONTENANT

L'HISTOIRE DE SES VOYAGES

PENDANT TRENTE-SIX ANS,

AUX CÔTES D'AFRIQUE ET AUX DEUX AMÉRIQUES ;

RÉDIGÉS SUR SON MANUSCRIT,

PAR J. S. QUESNÉ.

ORNÉS DE TROIS GRAVURES.

TOME PREMIER.

A PARIS,

Chez { ARTHUS BERTRAND, Libraire, rue Hautefeuille, Nᵒ 23 ;
{ PILLET AÎNÉ, Imprimeur-Libraire, rue Christine, Nᵒ 5.

1823.

A

M. ANTOINE-PIERRE BIDAUX (1).

R E C E V E Z , mon cher ami, l'hommage tardif de ces Mémoires, qui, sans vos instances, n'auraient peut-être jamais vu le jour. Puissiez-vous le reconnaître comme un témoignage public du

(1) M. BIDAUX a épousé mademoiselle Faraguet, fille de madame Landolphe.

6

sincère attachement qu'il vous a tou-
jours voué aux vertus nombreuses
de votre excellent cœur !

J. F. LANDOLPHE.

Paris, ce 1er Mai 1823.

AVERTISSEMENT

DE L'ÉDITEUR.

— ◦→◦◦❦◦◦←◦ —

J'avais à peine terminé la longue *Table
analytique de l'Histoire d'Angleterre* (1), qu'une dame respectable m'a-
dressa la proposition de revoir le manuscrit commencé des *Mémoires* de M. Landolphe, ancien capitaine de vaisseau,
dont l'attention s'était portée sur quelques-

____

(1) Cette Histoire contient 22 volumes in-8°.

uns de mes ouvrages, mais que je n'avais pas l'honneur de connaître. Je crus devoir refuser par diverses raisons qu'il me semble fort inutiles de publier. Cette dame insista : elle m'annonça même que le capitaine se proposait de me faire une visite avec l'intention de me soumettre son manuscrit. Cette fois, je ne pus motiver un nouveau refus sous peine d'encourir le juste blâme d'une humeur peu officieuse ; cependant je ne promis rien. Quelques jours après, M. Landolphe, comme il l'avait déclaré, vint me voir.

Après avoir parcouru très-rapidement les premières lignes de l'ouvrage, je reconnus que de simples corrections seraient insuffisantes pour l'exposer aux regards publics. Il m'en laissa un cahier que je lus encore à la hâte ; mais cette lecture produisant sur mon esprit une impression favorable, je ne lui cachai point qu'en le refaisant tout entier, j'avais l'espoir qu'il serait assez bien reçu des lecteurs qui recherchent l'intérêt fondé sur les évènements historiques. Le capitaine accueillit avec empressement cette idée, en me prévenant que si mes occupations ou d'autres motifs suspendaient l'effet de ses vœux, le manuscrit ne verrait point le jour de son vivant (1).

J'ai donc mis promptement la main à l'œuvre, car M. Landolphe, qui est maintenant âgé de soixante-seize ans, désirait que son ouvrage fût répandu sous

---

(1) Alors cet ouvrage aurait été perdu, car, outre un grand nombre de faits intéressants que l'auteur avait passés sous silence et que je l'ai prié d'écrire, il existe au manuscrit une foule d'omissions qu'il était impossible de réparer sans le secours de ses explications.

le plus bref délai; ce qui est cause que mes feuillets ont été livrés à l'impression l'un après l'autre, sans qu'il m'ait été possible d'en relire l'ensemble, avant celui des épreuves. Je suis donc en droit de solliciter un peu d'indulgence pour mon travail, puisque la précipitation sur laquelle il repose est une base que le temps ne m'a point permis de rendre plus solide.

On doit aussi considérer deux choses importantes : la première, c'est qu'il y a vingt-deux ans que le capitaine est en retraite volontaire, et qu'il n'a composé ses mémoires que depuis trois mois sans pouvoir s'appuyer d'aucune note, ainsi qu'il va le déclarer dans un instant; la seconde, c'est qu'observant religieusement la foi due au texte, j'ai moi-même été réduit à l'impuissance d'ordonner la filiation des idées qui découlent de toute proposition clairement énoncée. Il m'eût fallu, pour apporter remède à cet inconvénient, avoir été, comme le capitaine Landolphe, le principal acteur de cette vaste scène, afin d'offrir une peinture plus vraie des divers sentiments que les situations plus ou moins fortes m'eussent inspirés ; car, en rendant compte des faits qu'il décrit, je ne pouvais me substituer à sa place, puisque c'eût été vouloir le plus souvent exprimer ce qu'il n'aurait point senti, et qu'entrant trop avant dans ses pensées, je m'exposais inévitablement à prêter à son langage le coloris des miennes. Mais il faut avouer aussi que ce désavantage est en partie racheté aux yeux de ceux qui préfèrent dans toutes les productions de ce genre une marche rapide aux réflexions, et qui aiment mieux découvrir soudainement un but que de l'entrevoir avec trop de lenteur.

On trouvera dans ces Mémoires des évènements qui sembleraient fabuleux, si l'auteur n'était reconnu pour un homme d'honneur, et si des personnages existans, non moins recommandables par leur caractère que par leurs dignités, ne pouvaient au besoin faire entrer dans la balance du doute le poids de leur autorité ; tels sont MM. les contre-amiraux Halgan, Jurien, Victor Hugues (1), Fauchet (2), etc. : l'un (3) a servi sous ses ordres, et les autres ont eu avec lui-même des relations d'une haute importance.

---

(1) Ancien gouverneur de la Guiane française.

(2) Ancien ministre plénipotentiaire aux États-Unis d'Amérique.

(3) M. Jurien.

Aucun européen (1) n'ayant aussi long-
temps séjourné dans les états d'Owhère
et du Benin, n'a su recueillir un si grand
nombre d'avantages que M. Landolphe,
tant par la connaissance des productions
de ces climats, que par celle des mœurs
qu'il a pu étudier dans les deux langues
dont il possédait assez le fond pour les
parler avec aisance. C'est à lui que nous
devons les découvertes de M. Palisot de
Beauvois, le premier des voyageurs qui
eût alors pénétré si avant dans l'intérieur
de l'Afrique, et cela sur la recomman-
dation du capitaine, dont le crédit avait

---

(1) De tous ceux qui ont demeuré quelque temps
dans ce climat, M. Landolphe est le seul qui n'ait
jamais été malade. Aussi les nègres lui disaient-ils qu'il
n'avait point de sang dans les veines, quoiqu'il soit naturellement très-vif.

obtenu du roi du Benin des lettres pour les souverains des pays limitrophes. Malheureusement le fruit de tant de travaux a presque été tout enseveli sous les cendres de l'habitation de M. Landolphe, quand une scélératesse inouie dans les annales des nations y porta l'incendie.

Le capitaine, entièrement occupé du soin de rapporter avec beaucoup d'exactitude les circonstances de ses campagnes (1), avait un peu négligé la partie essentielle des mœurs et même oublié des évènements personnels tirés des animaux

––––––––––––

(1) On doit être assuré, par les précautions que nous avons prises ensemble pour ne rien livrer à l'erreur, qu'il n'y a point d'histoire plus fidèle au monde. Ce qui provoque véritablement le cri de la surprise, c'est de voir l'auteur se rappeler, depuis plus d'un demi-siècle, les noms propres et même les prénoms de tant d'individus.

dangereux, tout faits pour captiver l'attention du lecteur le moins curieux. Je l'ai prié d'accorder à ce point si fort intéressant un soin particulier; car ces évènements sont pour la plupart des choses neuves auxquelles l'individu le plus incrédule me semble devoir ajouter foi, quand ils sont attestés par l'homme d'honneur qu'éclaire en même temps une instruction solide (1), et qui trouve dans une raison affermie par une longue expérience la règle de ses jugements. Mais, pour m'assurer que j'avais parfaitement compris sa pensée, je lui remettais chaque jour sous les yeux les feuillets rédigés en son absence, et corrigeais ainsi les erreurs

(1) Il ne manque à M. Laudolphe qu'un style plus sûr; mais il est vraisemblable qu'il aimait mieux s'emparer d'un vaisseau de guerre ennemi que d'écrire avec pureté le rapport qui en faisait mention.

provenant peut-être de mon peu de pénétration autant que de quelques passages obscurs du manuscrit qui me servait de guide ; moyen évidemment perdu , je le répète, si la mort l'eût surpris avant cette rédaction (1).

M. Landolphe, ayant consacré trente-six ans à la marine marchande et militaire, où d'étranges vicissitudes de la fortune ont plusieurs fois renversé la sienne sans pourtant l'avoir entièrement détruite, tantôt par la main de lâches bandits anglais qui l'ont assassiné en pleine paix, à l'heure même qu'il les comblait de services

---

(1) Une circonstance assez singulière n'y a point nui; car l'auteur et l'éditeur ayant été tous deux marins, la connaissance des mots techniques par la pratique est incontestablement un grand avantage pour ce dernier.

et d'amitiés (1), tantôt au milieu des combats où l'honneur ne perdait rien d'une défaite, n'a jamais exprimé le désir impérieux des récompenses pour couvrir ses malheurs. Cette conduite est fort noble sans doute ; mais comment l'autorité de la marine qui, dans ses cartons, possède les témoignages irrécusables d'une valeur sans reproche, ne va-t-elle pas depuis vingt ans à la rencontre de celui qui a tant de fois mérité son estime? Comment celui qui, dans la dernière guerre, s'est emparé de soixante-quatre vaisseaux anglais, en leur coulant bas huit cent trente pièces de canon, n'est-il point, à près de quatre-vingts ans, décoré de l'ordre de la légion des braves? Il jouissait

____

(1) Il leur avait donné un magnifique repas le jour même.

d'une pension de retraite de quinze cents francs, mais elle a subi une réduction comme celle de tous les officiers de mer.

En lisant ce passage à M. Landolphe, il se récrie contre moi de ce que je le rends public, lui qui n'a jamais élevé le plus léger murmure au fort même des injustices dont il aurait pu se croire victime; mais j'en suis fâché; c'est le seul endroit de l'ouvrage où nous ne demeurions point tout-à-fait d'accord. Dans un *avertissement* je suis sur mon terrain; j'en dispose à mon gré comme un propriétaire, et je ne pense point que la voix des lecteurs me blâme d'user d'un droit légitime.

Au surplus, ce droit même peut conserver son étendue ou plutôt son avantage. N'ai-je pas eu déjà le bonheur de faire obtenir peut-être à Pierre-Joseph Dumont, dont j'ai publié *l'Histoire*, une pension de quatre cents francs de la munificence de Sa Majesté, qui, m'assure-t-on, a daigné la lire ? Pierre Huet, entré depuis peu dans sa cent dix-huitième année, n'aurait vraisemblablement point en ce moment sur la poitrine la croix d'honneur, si je n'eusse révélé son existence à l'Europe : et si le capitaine Landolphe, pour prix de tant de constance et d'aussi longs services, la recevait lui-même du Souverain comme un bienfait de la patrie, combien mon cœur ne devrait-il point s'applaudir d'avoir été l'occasion de cette juste récompense !

Mais arrêtons-nous ici ; il y a parmi tous ceux qui m'entendent, de certains individus dont la censure pourrait justement réprimer les écarts de mon zèle, parce qu'ils penseraient y démêler une couleur d'orgueil ou tout au moins de vanité. Comme je ne veux en rien blesser l'amour-propre de personne, et que je m'y exposerais en voulant montrer ouvertement le bien que j'ai cru faire, je vais de suite me retrancher dans un profond silence (1), afin de laisser parler seul l'honorable auteur de ces *Mémoires.*

---

(1) Je ne le romprai que par de courtes observations désignées par un chiffre : des astérisques indiquent celles du capitaine.

MÉMOIRES

DU

CAPITAINE LANDOLPHE,

CONTENANT

L'HISTOIRE DE SES VOYAGES

PENDANT TRENTE-SIX ANS.

JE dois déclarer, en commençant ces Mémoires, qu'ils sont écrits avec la plus scrupu-
leuse fidélité, bien que je les aie tirés de ma
mémoire dans un âge avancé. Réduit à l'impossibilité de m'appuyer sur des matériaux
qui tous sont tombés au pouvoir des Anglais, j'ai dû recourir à mes souvenirs, dont
aucun ne m'a trompé, ainsi que l'on pourra
s'en convaincre aux bureaux du ministère
de la marine, si mes journaux y sont con-
servés. Cela sans doute a lieu de paraître éton-
nant, mais on verra dans le courant de cet

ouvrage que ma mémoire est vraiment extraordinaire, ce que je peux avancer sans
amour - propre, puisque l'on sait qu'il serait malséant de s'enorgueillir d'une qualité donnée par la nature, où nos efforts
ont si peu de part.

Je suis né le 5 février 1747, à Auxonne,
département de la Côte-d'or, sous le nom
de Jean-François Landolphe (1).

Mon père était arquebusier du roi. Il
abandonna son état pour affermer les terres
des marquis d'Argens et de la Perrière, qui
étaient d'un revenu immense, puisqu'elles
embrassaient vingt-trois paroisses. Après
avoir donné le jour à vingt - deux enfants,
mon père et ma mère moururent fort âgés,
le premier à quatre-vingt-sept ans, et la
seconde à quatre - vingt - cinq. Je suis le

---

(1) La *Biographie des Hommes vivants* consacre
entièrement à Landolphe (Antoine) un article qui ne
regarde que Jean François. Antoine est cousin - ger-
main de ce dernier; il naquit à Montbelet en 1760.

dernier de tous ces enfants. Mon père, en ayant à la fois dix-sept vivants*, les présenta lui-même à la municipalité, qui l'exempta de toutes contributions. Je reste seul de cette famille nombreuse. On trouvera bon que je néglige les détails de mon enfance, puisque ce n'est point ma vie entière que je publie, mais seulement l'histoire de mes voyages.

Je quittai Auxonne en 1765, à l'âge d'environ dix-huit ans. Je vins à Paris, dans l'intention de me livrer à l'étude de la chirurgie. Je suivis durant un an le cours du célèbre Sabatier ; mais, eprouvant du dégoût pour cette profession, je tournai mes regards vers la marine, où le chemin de la fortune me semblait plus aisément ouvert. Je partis pour Nantes en 1766. J'y fis connaissance d'un commis , caissier de M. Trinquart qui armait le navire le *Royal-Louis*, commandé par le capitaine Jean Brochard, auquel je fus présenté pour être embarqué.

---

* Cinq garçons et douze filles.

J'avais dépassé l'âge où l'on reçoit les mousses; ce qui donnait matière aux difficultés, selon les ordonnances. Cependant le capitaine, satisfait de mon écriture qui lui passa sous les yeux, prit sous sa responsabilité de m'embarquer en qualité de mousse. Après m'avoir porté sur son rôle, il me déclara que je serais exempt de service, et qu'il me ferait son secrétaire. Nous mîmes à la voile pour Saint-Domingue, le 7 mars 1767. Nous revînmes à Nantes, où le capitaine tomba malade. Il eut pour successeur M. Pierre Le Jeune, qui fit armer le navire, et sur lequel je montai en qualité de volontaire.

Le 24 novembre suivant, on refit le voyage à la même île. La traversée fut de trente-six jours. Avant d'entrer au Cap-Français, le pilote vint à bord afin de gouverner le bâtiment; mais la nuit, mettant obstacle à ces mesures, l'obligea de louvoyer à petite voile pour attendre le point du jour. C'était le dernier de l'an, jour affreux qu'il m'est impossible d'oublier. Au moment où nous allions entrer dans le port, un ouragan des plus furieux s'éleva vers le nord : il fallut serrer toutes les voiles. La violence du vent ne peut se décrire ; tout-à-coup l'horizon prit une teinte sombre ; ensuite il devint si noir que l'on ne voyait que les ténèbres. Dans cet imminent péril le pilote perdit la tête, et le navire alla courir sur le rocher *Coque-Vieille* *. Au premier choc il fut ouvert et couché plein d'eau sur le côté.

Le vent, ayant atteint le dernier terme de sa furie, porta les eaux à une hauteur incroyable, puisque les lames qui passaient quelquefois sur le bâtiment, avaient plus de vingt pieds d'élévation. Le capitaine ordonne en vain de couper le grand mât ; on ne

---

* Depuis ce moment on y a mis un pavillon rouge au bout d'une barre de fer de trente pieds, que l'on a fait entrer dans le rocher pour servir de balise. Cet écueil est à douze pieds sous l'eau, et notre vaisseau en tirait dix-sept. M. le contre-amiral Halgan s'y trouvait alors en qualité de pilotin.

saurait y parvenir malgré mille efforts; seulement on vient à bout de couper d'un côté les haubans des trois mâts. L'artimon se rompit. Alors l'équipage entier n'eut plus d'espoir de salut sur un vaisseau perdu sans ressource, étant éloigné de près d'une lieue du fort Picolet*. Officiers et matelots se précipitèrent à la nage dans les ondes, à la vue de près de trois cents navires mouillés au fond du port, qui n'avaient que des vœux impuissants à former pour les secourir. En approchant du rivage, la plupart de ces infortunés, emportés par les lames sur les rochers, y trouvèrent la mort. De cent vingt hommes, les passagers compris, qui montaient le *Royal-Louis*, vingt à peine s'échappèrent.

Pour moi, je déchirai ma chemise en hâte, et cherchai quelque lueur de sûreté sur le grand mât, qui tenait encore au navire. Je m'y plaçai dans la posture d'un

---

* Ce fort a deux batteries d'un gros calibre.

homme à cheval , et cet exemple fut suivi par quelques matelots ; mais les vagues en furie , roulant sur nos têtes , nous tinrent dans une perplexité mortelle , depuis dix heures de la matinée , jusqu'à deux du lendemain matin , premier jour de l'année 1768.

Les vents ayant cessé de souffler, le second capitaine du navire *la Ville-du-Cap* , de Nantes, s'embarque dans une chaloupe, avec douze marins courageux , qui affrontent une mer encore irritée, afin de sauver le peu de malheureux épargnés par l'ouragan. Nous fûmes recueillis à son bord, recevant tous les soins que l'on peut desirer. Les officiers et les chirurgiens rivalisèrent de zèle pour rappeler à la vie quelques-uns de mes compagnons. Le capitaine nous offrit des vivres, avec la promesse de nous ramener en France, si nous voulions rester à son bord ; je le remerciai de toutes ses bontés, et quittai son vaisseau , après y avoir passé vingt-quatre heures.

Descendu à terre, sans argent, sans connaissance d'aucune personne, sans nulle re-
commandation, je formai le projet de sauver
du naufrage quelques débris du *Royal-
Louis*. A cet effet, je me présentai chez M. de
Saint-Martin, lieutenant-général de l'amirauté. « Monsieur le géneral, lui dis-je, vous
» voyez devant vous un malheureux nau-
» fragé du *Royal-Louis*, dénué de tout,
» sans amis et sans espoir de rencontrer dans
» l'île un visage d'homme qui lui soit connu.
» Si vous avez quelque sentiment de com-
» passion pour l'infortune, il ne tient qu'à
» votre volonté de me procurer un peu
» d'argent, en tirant parti de la mienne,
» car je suis plein d'ardeur dans une si
» cruelle position. » M. de Saint-Martin me
regarde fixement et me répond : « Mon ami,
» je vous trouve bien avisé de me parler
» ainsi ; hé, quels sont vos moyens, je vous
» prie ? » — « C'est de faire louer une pirogue avec dix nègres et un patron. Je sor-
tirai de la rade le soir ; j'irai le long de la

côte, j'y verrai infailliblement une grande quantité de marchandises échappées du vaisseau brisé, et que la grosse mer aura jetées sur ce rivage. » — « Vous avez là, mon ami, une excellente pensée ; mais n'appréhendez-vous point de repasser dans l'endroit même où vous avez été si près de périr ? » — « Non, monsieur, je ne crains rien. » — « En ce cas, je vous accorde ce que vous demandez ; je vais en outre vous donner une lettre, qui non-seulement vous garantira de toute opposition à vos recherches, de la part des habitants, mais saura leur prescrire de vous donner le secours de leurs nègres, si la nécessité vous fait une loi de le réclamer. »

Cette lettre était ainsi conçue : « Messieurs » les habitants de la Bande-du-Nord sont priés » de laisser librement retirer les débris des » effets provenant du naufrage du navire *le* » *Royal-Louis;* de prêter au porteur de » la présente tous les soins qu'il pourra » desirer ; et si les habitants fournissent » quelques journées, elles seront acquittées

» par l'amirauté, sur le reçu que leur déli-
» vrera ledit porteur.

» Fait et donné ce plein-pouvoir au sieur
» Landolphe, un des naufragés du susdit
» navire, au Cap-Français, le 3 janvier 1768.
» Signé de Saint - Martin, lieutenant-gé-
» néral de l'amirauté de Saint-Domingue. »
Au bas étaient apposées les armes de l'a-
mirauté.

Embarqué le jour même, à dix heures
du soir, avec dix nègres et un patron dans
une grande pirogue, louée quarante francs
chaque jour par le lieutenant - général, je
sortis de la rade à la faveur d'une brise de
terre; je me dirigeai du côté de la baie
du Port-de-Paix, côtoyant le rivage de la
Bande - du - Nord. J'y recueillis, en moins
de deux heures, enfouis dans le sable,
des malles et des ballots dont la pirogue fut
incontinent chargée. Favorisé d'une brise
de mer*, je rentrai dans le port, le lende-

---

* Dans les parages et sur les côtes de Saint-Domingue, les brises changent deux fois par jour. Les

main,, entre dix et onze heures du matin,
ayant un pavillon bleu pour signaler mon
arrivée. La sentinelle du quai avait reçu la
consigne, en voyant mon signal, d'arrêter
tous les cabrouets pour mon service ; c'est
une espèce de haquet établi pour faciliter
le transport des marchandises, à la charge
ou décharge des vaisseaux. Par ce moyen,
les effets furent promptement débarqués et
mis en sûreté, dans un magasin au compte de
l'amirauté. Tandis que le déchargement s'o-
pérait, je prenais un peu de repos avec mes
nègres ; puis, vers les dix heures du soir,
je retournais à la Bande-du-Nord, en m'a-
vançant jusqu'à l'anse du Port-de-Paix. C'est

---

vents de mer, au large, s'élèvent sur les dix heures
du matin et vers huit ou dix du soir ; ils tombent pour
faire place à des vents de sud ou sud - est que l'on
nomme brises de terre. Ces vents sont précieux aux
vaisseaux destinés pour l'Europe, car sans leur secours, ils sortiraient bien difficilement du Cap-Français
dont le port a plus d'une lieue d'enfoncement. Ce qui
est fort singulier, c'est qu'on voit quelquefois des vaisseaux entrer dans la rade et en sortir en même temps.

dans cette anse que j'ai découvert le plus d'objets, la plupart très-précieux, mais bien avariés.

Ce travail dura huit jours consécutifs, après quoi, reconnaissant que le peu d'effets susceptibles d'être enlevés ne suffisait plus pour couvrir les frais de la pirogue, je cessai mes courses. J'allai revoir M. de Saint-Martin; je lui remis un état contenant les numéros et les marques des malles et ballots déposés au magasin par mes soins.

Il m'exprima toute sa joie d'une manière très-flatteuse, et désira savoir quel prix je voulais mettre par jour à mes recherches. Ma réponse fut simple : « Ma peine, lui dis-je, » ne doit point s'acquitter à la journée; je » n'ai souhaité que de me rendre utile; il » est vrai que je manque d'argent, et il n'y » a qu'un pareil motif qui puisse me faire » accepter un don. » Aussitôt M. de Saint-Martin ordonna qu'il me fût compté huit louis; procédé qui me causa une satisfaction inexprimable.

En sortant de là, je me rendis chez M. Aubert, riche négociant du Cap, et correspondant du *Royal-Louis*. Le capitaine Le Jeune devait s'adresser à lui pour en tirer des conseils sur les ventes et les achats des marchandises, mais Le Jeune mourut au Cap, chez le chirurgien Legrand, à la suite du chagrin d'avoir perdu son navire. Comme j'avais conservé en double la note des effets dérobés au naufrage, je la laissai entre les mains de M. Aubert, qui la reçut avec d'autant plus de surprise, qu'il ne me connaissait point. Il ne pouvait croire en outre qu'on sauvât jamais rien de ce bâtiment, sur une côte presque inabordable, à près de trois lieues du point où il s'était brisé. Après diverses questions, il me demanda si M. de Saint-Martin m'avait récompensé de mes peines ; sur la réponse que j'en avais reçu cent quatre-vingt-douze francs, « Oh le vilain mesquin ! » s'écria-t-il, et appelant son caissier : « donnez huit louis à ce « jeune homme, qui a cent fois exposé sa

» vie pour gagner si peu ; allez, mon petit *
» ami ; avec tant de courage et d'activité,
» jamais vous ne succomberez au besoin. »
Muni d'un trésor de seize louis, je courus
tout joyeux chez l'aubergiste Ramé, qui mérite
bien, avec sa femme, que je leur consacre
ici quelques lignes. Ramé tenait une auberge où je me présentai, dans l'intention
d'y séjourner, si l'on voulait m'y recevoir.
L'hôte était absent; je m'adresse à sa femme,
en lui peignant l'état déplorable où m'avait
réduit la perte du *Royal-Louis*, et qui me
mettait dans l'impuissance de reconnaître,
pour le moment, ses soins généreux, si
elle en usait envers moi. Je la priai de me
servir un déjeûner, car j'étais bien pressé
par la faim. « Entrez, mon jeune ami, me
» dit-elle; mon mari est au marché; je suis
» assurée qu'à son retour, il ne trouvera
» pas mauvais que je vous donne à déjeû-
» ner, et même à dîner. » Tandis que je

---

* Ma taille est de cinq pieds.

prenais le premier repas, j'osai lui exprimer le vif désir de rester quelque temps dans sa maison. « J'y consentirais bien vo» lontiers, ajouta-t-elle, mais vous savez » que je ne suis pas maîtresse d'accomplir » mes volontés. Tout ce que je puis faire, » c'est d'en parler à Ramé, aussitôt qu'il » viendra. » L'aubergiste parut peu d'instans après. Il avait à peine entendu ma prière sortir de la bouche de sa femme, qu'il lui répondit : « Hé bien! ma bonne » amie, puisque cela te fait plaisir, ce jeune » homme peut rester avec nous, jusqu'à ce » qu'il trouve l'occasion de s'embarquer; nous » n'en ferons pas pour cela plus de dépense. »

Je demeurai neuf jours chez ces braves gens dont les attentions me semblaient très-délicates. Dès que je fus en état de rembourser leurs avances, je demandai la note de ma dépense; mais, ne voulant pas atténuer le bienfait qu'ils m'avaient accordé, ils réduisirent à la moitié, envers moi, le prix qu'ils exigeaient des autres pension-

naires. Je payai seulement six francs par
jour, ce que ceux-ci payaient douze. Il ne
m'en coûta donc que cinquante-quatre
francs pour avoir été parfaitement soigné
dans cette hôtellerie.

Je fis alors emplette de chemises bleues et
de pantalons. Un pantalon et une chemise
furent donnés au navire la *Ville-du-Cap* ,
dont la chaloupe m'avait recueilli entièrement nu : un jeune homme de ce bord s'était
empressé de me fournir ces deux objets ; jamais je n'ai pu savoir son nom. S'il vit encore, et que cet écrit lui tombe sous les
yeux, je le prie de recevoir, du fond de mon
cœur, l'expression d'une vive reconnaissance de son touchant procédé.

Les ballots, les caisses, les malles et les marchandises retirés des sables demeurèrent près
d'un mois en magasin : on les vendit publique-
ment environ quatre-vingt-dix mille francs.
Cela me rappelle qu'en ouvrant une malle,
remplie de chapeaux d'un très-beau poil,
qui n'avaient pas subi la moindre altération,

j'en mis un sur ma tête, que je désirai garder. Un sieur Lefèvre*, passager sur notre
bord, vint le réclamer, comme lui appartenant; je m'opposai à cette volonté qui ne
parut injuste, dans une circonstance où,
sans mes efforts, sa malle entière était perdue, ainsi qu'une grande partie de la cargaison. Toutes les personnes présentes furent indignées de cette vile réclamation ;
et d'un avis unanime le chapeau me resta.

Le 15 janvier, je fis la connaissance d'un
négociant du Cap, nommé M. Gault de
Neuilli, possesseur de plusieurs navires en
rade, qu'il destinait au commerce interlope
des piastres, sur les côtes de l'île de Cuba. Il
se proposait d'armer de vingt pièces de canon le brigantin *le Ferme*, avec l'intention
de le charger de marchandises; il n'avait
point encore de capitaine pour le conduire.
« Voulez-vous en être le gardien? me dit-il;
» lorsque je l'armerai, vous pourrez vous

---

* Il a gagné depuis dix millions dans les fournitures
pour le service des États-Unis.

» y embarquer. » D'après mon consentement, je mis le pied dans un canot, et
m'installai dans *le Ferme,* où les vivres me
furent délivrés bien régulièrement.

Sur la fin de janvier, ce négociant mit en
armement une polacre interlope de vingt
pièces de canon, commandée par le capitaine espagnol Don Pèdre, qui devait aller
aux côtes de Couves, île de Cuba. Don Pèdre
souhaita de me prendre comme secrétaire à
son bord ; il m'offrit de m'avancer douze
cents francs pour établir une pacotille, en
me déclarant qu'au retour du voyage, il reprendrait cette somme, mais qu'il me laisse-
rait tous les bénéfices qu'elle aurait produits.
Bien que je ne fusse en droit de prétendre à
nulle sorte d'appointemens, cet arrangement
me convint.

Nous mîmes à la voile et dirigeâmes le
vaisseau vers le sud de l'île de Cuba. Parmi
les cent vingt hommes de notre équipage,
se trouvait un Espagnol qui connaissait parfaitement tous ces parages ; de telle sorte
qu'à deux lieues de l'île, sur divers points,

nous faisions aux habitans des signaux que
ceux-ci échangeaient par des feux. Aussitôt
que la reconnaissance de ces signaux était
opérée, on approchait de terre; on débarquait
les marchandises qui trouvaient des acheteurs au comptant, et donnaient en argent
au capitaine des bénéfices de 5o à 6o pour
cent. On renfermait ces produits dans des
barils contenant mille piastres. Don Pèdre,
à ce voyage, vendit toute sa cargaison, dont
il ne retira pas moins de cent mille piastres.

Nous remîmes à la voile pour le Cap-Français, où nous entrâmes sans accident. Tous
les barils furent déposés chez M. Gault de
Neuilli, qui s'empressa de payer aux matelots ce qu'on leur devait selon sa promesse.
Comme j'étais le seul homme du vaisseau
sans appointemens, le capitaine me dit :
« Mon petit ami, les douze cents francs que
» vous avez reçus de moi pour avances d'une
» pacotille ont produit trois mille francs.
» D'après nos conventions, je retire les pre-
» miers fonds et vous laisse dix-huit cents
» francs. Etes-vous content? » Ma réponse

affirmative lui montra toute la joie que je ressentais de toucher une somme aussi considérable dans un voyage d'un mois; c'était assurément dépasser de beaucoup mes espérances. Alléché par cette bonne fortune, je me préparais à faire une nouvelle campagne quand tout-à-coup mon zèle fut refroidi, en apprenant les périls que j'avais courus, si nous fussions tombés dans les mains des garde-côtes du roi d'Espagne; car le capitaine aurait subi la corde, et l'équipage entier eût été condammé aux mines du Pérou, c'est-à-dire aux galères.

Une pareille perspective est de nature à porter quelques réflexions dans la tête d'un jeune homme qui n'aime pas plus les travaux souterrains que la potence, et je fus bientôt décidé à demeurer à terre, en attendant l'occasion de repasser en France. Mon dessein était d'y étudier l'hydrographie dont j'avais appris les élémens sous la direction de **M.** Giraud, grand mathématicien, et l'inventeur du *Quartier de réduction*. J'attendis peu de temps cette rencontre. Un jour qu'en me promenant sur les quais, je rêvais aux moyens de me remettre en mer, un particulier m'aborde uniquement pour lier une conversation. Dès qu'il connut mon desir, il m'indiqua le capitaine Desrud, commandant l'*Africaine*, du port de Nantes, et venant des côtes d'Afrique. Ce capitaine avait perdu la plus grande partie de son équipage ; il cherchait à le rendre complet par de nouveaux hommes. J'allai dès le lendemain le voir, rue du Bac où il demeurait. Je frappe à sa porte, un jeune nègre vint m'ouvrir : « Qui ça vous voulez ? » me dit-il dans son langage naïf. — « Je désire parler » au capitaine Desrud ; puis - je le voir ? » Le nègre va dire à son maître : « Monsiou, » voilà blanc qui veut parler vous. » A ces mots, le capitaine vient à moi, me regarde fixement et s'informe du sujet qui m'amène en sa présence. « J'ai appris , » monsieur, lui dis-je, votre arrivée des » côtes d'Afrique, et le malheur que vous » avez eu de perdre beaucoup de monde

» dans cette traversée. Je suis l'un des
» nombreux naufragés du *Royal - Louis* ,
» et viens avec confiance m'offrir en rem-
» placement d'un de vos hommes. » Desrud
fronce le sourcil, et s'écrie d'un air dur et
rebutant : « Vous êtes vraiment un bel
» homme pour un remplaçant ! Et peut-on
» savoir votre grade à bord de ce navire ? »
— « J'étais pilotin. * » — « Ah ! vous étiez
» pilotin, me répond-il, avec l'humeur
» d'un vrai bourru ; ces b.....s-là ** ne
» veulent jamais mourir ; j'en ai reçu quatre
» de cette mauvaise espèce à mon bord ; ce sont
» de véritables consommateurs de pain sans
» profit ; ils ont tenu ferme à la vie, quand
» j'ai vu périr tous mes meilleurs matelots
» par la maladie, tous braves gens et de

---

* Élève en pilotage.

** On sait que les marins sont de grands jureurs ;
la délicatesse de la langue se refusant à leur expression
propre, j'avertis que je la déguiserai désormais, en
observant seulement que c'est un juron.

» mes amis. *Au diable tous ces mangeurs*
» *de pain perdu !* » — « Hé bien ! capitaine,
» puisque je ne vous conviens point, n'en
» parlons plus, cessez vos injures, je me
» retire. » En quittant ce brutal, je me disais en riant : voilà un fort drôle de capitaine.

A peine avais-je fait cette réflexion, que
je me sens arrêté par le petit nègre qui me
dit : « Monsiou, capitaine dit à vous de ve-
» nir, lé voulé parler vous. » Je demeure
un moment incertain sur ce que je dois
faire, après quoi je me décide à retourner
vers mon bourru. Sa première question fut
de savoir si j'avais navigué quelque temps ;
la seconde, si la lecture et l'écriture m'étaient
un peu familières ; la troisième, à quel taux
mon salaire était fixé par mois. « J'ai fait,
» répondis-je, deux campagnes sous les capi-
» taines Brochard et Le Jeune ; mon écriture
» est assez belle ; qui sait écrire, peut pres-
» que toujours lire ; neuf francs le mois
» étaient le très-modique produit de mes

» appointemens. » — « Je ne vous promets
» rien; allez à mon bord, vous y prendrez
» les vivres, en partageant l'ordinaire des
» jeunes gens. » Je souscrivis à une décision si peu avantageuse, parce que, dans ma
position, il valait encore mieux recevoir ma
nourriture de cet homme que de la tirer de
ma bourse.

Il y avait trois jours que j'étais sur le vaisseau , quand je m'aperçus que le second capitaine , M. Beaulieu, me prenait en amitié.
C'était un homme aimable, officier distin-
gué, d'une brillante éducation , et qui avait
l'esprit orné d'une multitude de connais-
sances, particulièrement dans les mathé-
matiques. M. Beaulieu me permit d'espérer
que, durant la traversée, je recevrais de sa
complaisance des leçons d'une science qu'il
possédait à un si haut degré. Ce fut pour
moi une distinction tellement flatteuse
qu'elle m'inspira non-seulement le désir de
la mériter , en suivant ses conseils, mais
un sincère attachement à sa personne , qui

dissipa toute idée d'intérêt de ma part envers Desrud.

Le jour suivant, je vis que la peinture du navire avait besoin d'être renouvelée. C'est une opération exigée par l'usage. J'ouvris à M. Beaulieu la proposition de m'en charger. Il me fit observer combien un pareil travail devenait fatigant. « Qu'il soit gratté au net, » lui dis-je, et je prends sur moi le reste. » En effet, le lendemain, vingt hommes furent occupés à faire disparaître le vernis extérieur. Pendant ce temps, je préparai les diverses couleurs que je comptais employer, et qui furent soumises à son approbation. Je les distribuai de telle manière que M. Beaulieu parut très-satisfait ; le capitaine, venant à bord, voulut connaître l'auteur de ce travail : « Vous voyez le peintre, lui dit-il » en me montrant ; c'est votre jeune rem- » plaçant qui a vivement souhaité de l'en- » treprendre, et qui, comme vous le voyez, » s'en est fort joliment tiré. »

Nous étions arrivés au premier mai 1768,

et le capitaine gardait le silence sur mon traitement. M. Beaulieu tomba dans une grande surprise quand il sut de moi que je n'en avais aucun. Il descendit à terre, fit valoir mon service au capitaine, qui, cette fois, m'accueillit gracieusement. Desrud, ayant connu mon desir de repasser en France, me conduisit au bureau des classes, où l'on me comprit comme le remplaçant d'un volontaire. Nous fîmes voile pour l'Europe, et nous arrivâmes à Nantes le 5 septembre. D'après le rôle du capitaine, je restai trois mois huit jours sur son bord. Au désarmement de *l'Africaine*, il m'emmena chez les armateurs de ce navire, MM. André et Tarvouillet, qui m'accordèrent une gratification de cent francs. Desrud me retint pour une nouvelle campagne. Il réarma le même bâtiment destiné aux côtes d'Afrique.

Je demeurai chargé de surveiller les réparations du vaisseau, de suivre le travail des matelots, de noter les journées des charpentiers et calfats. Ces soins m'éclairèrent

auprès des ouvriers , notamment sur ce qui
concerne la charpente. J'appris ainsi à connaître une grande partie des pièces servant
à la construction. L'on m'expliquait les règles
établies dans les proportions de la mâture ,
en me faisant considérer qu'elles étaient
prises sur la longueur de la quille du vaisseau , ainsi que sur la largeur du maître-
bau (1). J'examinais avec beaucoup d'attention les moyens employés au calfatage. Les
matelots m'instruisaient dans le grément :
les voiliers m'enseignaient le nom de chaque
voile dont j'avais déjà quelque connaissance,
de leur coupe, de leur chute, de leur échan-
crure , de leur couture , etc. Il me devint
bientôt aisé de voir que les deux mesures ,
longueur et largeur , sont la base fonda-
mentale du grément de tout vaisseau. Ce sont
ces entretiens , avec les réflexions qu'ils pro-
duisirent dans mon esprit, qui m'affermirent

---

(1) Espèce de poutre posée au milieu du navire, à
l'endroit le plus large.

le plus dans un goût déjà si décidé pour la marine.

L'Africaine étant bien radoubée, capable de tenir long-temps la mer, le capitaine et les deux armateurs pourvurent au chargement, qui consistait en diverses marchandises, vivres, artillerie, munitions de guerre. On l'arma de seize pièces de canon, du calibre de six livres de balle, et son équipage fut composé de cinquante hommes; j'en fis partie en qualité de novice. Nous quittâmes la rivière de Nantes, le 5 mars 1769, pour nous diriger vers les côtes d'Afrique.

Le 5 avril suivant, ayant doublé le Cap-de-Palme, le capitaine mit la chaloupe en mer avec cinq hommes, afin de débarrasser le pont, et m'en confia la conduite, avec ordre de suivre continuellement le navire pendant le jour. Je longeais la Côte-d'Or, la sonde en main, dans une distance d'une ou deux lieues. J'ai constamment trouvé dix-huit, vingt-cinq et trente brasses. Au coucher du soleil, je forçais de voile pour me rallier à la poupe du navire. Quand les nuits étaient sombres, remplies de brouillards, orageuses, je me guidais sur le fanal que le capitaine y faisait placer à ce dessein. Ce qu'il y a de remarquable en cette rencontre, c'est que tous les deux ou trois jours, mes cinq hommes tombaient malades, et qu'il les fallait remplacer, tandis que seul je jouissais de la meilleure santé. La règle exigeait que cette chaloupe fût conduite par un officier ; mais aucun n'avait le moindre penchant à remplir une place où la chaleur du climat offrait, durant le jour, un danger réel, et qui était affaibli dans le vaisseau.

J'ai gardé mon poste jusqu'à la rivière du Benin. L'entrée de ce fleuve est fort difficile, à cause d'une barre de sable argileux, située à une lieue de la côte, et qui n'a pas moins de deux mille cinq cents toises de largeur. Il n'y a que sept pieds d'eau en basse mer et quatorze dans la haute, aux jours de nouvelle et pleine lune. Les navires, tirant plus de onze pieds d'eau, courent le risque d'y échouer. Cette rivière, l'une des plus belles des côtes d'Afrique, a cinq quarts de lieue à son embouchure. Dès que l'entrée en est franchie, on peut la remonter jusqu'à huit lieues, en gouvernant dans la partie du nord-est. On y voit une belle baie, nommée *Régio*, qui a huit ou dix brasses de profondeur ; ses eaux sont douces, et quatre grandes rivières viennent s'y mêler.

Les bâtimens qui jettent l'ancre sur cette rade sont placés dans une bonne exposition, en ce qu'ils reçoivent directement les vents du sud-ouest ; car ces vents entretiennent la fraîcheur des forêts voisines, si nécessaire au salut des équipages. Quand, au contraire, ils vont mouiller dans la rivière de Gathon *, coulant à gauche de cette grande rade, ils sont infailliblement atteints de maladies fort dangereuses. C'est un malheur que, pour gagner la terre ferme et commercer le long de ces fleuves, il faille remonter jusqu'à

* Ou d'Agathon.

vingt lieues de la mer, jusqu'au village de Gathou. Là, on trouve de l'ivoire, des tapis de coton et d'herbes, fabriqués par les naturels du pays; des bois rouge, bleu, violet et jaune; du copal, beaucoup d'huile de palme, ainsi qu'une foule d'autres objets trop fastidieux à détailler.

Après avoir séjourné trois mois dans ces lieux, où l'on fit un chargement de marchandises et de trois cent soixante nègres, nous revînmes vendre la cargaison, avec de grands avantages, au Cap-Français que nous quittâmes encore pour retourner en France. Nous entrâmes dans la rivière de Nantes, le 28 juin 1770. Cette campagne a duré quinze mois vingt-trois jours

Je restai dans ce dernier port jusqu'au premier juillet 1771, avec le projet de me rembarquer sous les ordres du même capitaine et sur le même navire, qui avait changé à la fois de nom et d'armateur. On le nomma *les Deux-Créoles;* il fut armé par M. Gruel, de Nantes.

4.

Tandis que je prenais du repos à terre je ne demeurais pas oisif, j'étudiais l'hydrographie sous M. Lévèque, hydrographe du roi. Les leçons de ce savant, jointes à celles de M. Giraud, augmentèrent encore, si je le peux dire, mon ardeur pour les voyages lointains.

Le capitaine, avant de donner un radoub à son bâtiment, m'adressa la proposition qu'il m'avait précédemment faite à l'égard de *l'Africaine*, et dont le but était de surveiller les ouvriers ; ce que j'agréai avec le même plaisir, et je m'acquittai de ce devoir avec le même zèle. Tout étant terminé, l'on chargea de différentes marchandises *les Deux-Créoles;* on composa l'équipage de cinquante hommes, et j'y pris ma place comme pilotin.

Nous cinglâmes de nouveau, le premier juillet, vers les côtes d'Afrique. Après une traversée de cinquante-deux jours, suivant le bas de la Côte-d'or, nous entrâmes dans les eaux de la rivière Formose, au Benin. Nous la remontâmes à vingt lieues de la mer et à quatre de Gathon. Ce village , situé sur une hauteur d'environ trente pieds au-dessus du niveau du fleuve, est habité par trois mille nègres, que gouvernent trois chefs nommés *phidors*. Le premier de ceux - ci s'appelait Danikan ; c'était un homme de beaucoup de sens, et qui avait une estime particulière pour les Français.

Je descendis à terre avec Desrud. Le capitaine établit là sa factorerie. Il y avait en ce moment dans le fleuve un bâtiment anglais et un autre portugais; mais la France ayant une prépondérance très-marquée sur les autres nations de l'Europe, Desrud eut le droit de prendre un chargement avant les deux capitaines ses concurrens ; ce qui nous retint trois mois dans ces eaux.

Durant cet intervalle, j'essayai d'apprendre la langue beninienne, et voyant les heureuses dispositions des habitans pour mes compatriotes , je formai le dessein de fonder par la suite , dans cette contrée , un établissement avantageux à la nation française. On en verra bientôt le résultat.

Desrud étant prêt à sortir, nous prîmes notre direction du côté de l'Ile-du-Prince *, appartenant aux Portugais, et située à 1º 3o′ nord; nous comptions y trouver de l'eau fraîche et des vivres. C'est en outre un port excellent où les vaisseaux demeurent à l'abri de tout vent; presque tous ceux qui fréquentent les côtes d'Afrique y relâchent. Les eaux de l'île sont très-claires. Elle fournit en abondance des haricots, de la farine de manioc, des moutons, des porcs et toute espèce de volaille. Je m'y rendais pour la seconde fois. Je n'en ai point parlé dans mon premier voyage, en ce que rien d'intéressant ne s'y rattachait.

En quittant le Benin, Desrud, voulant alléger son navire afin de franchir plus aisément les barres, me donna le commandement d'une chaloupe montée par sept hommes. Il y avait fait mettre dix mille ignames **.

---

* Ce fut en 1471 qu'elle fut ainsi appelée, parce qu'alors on en donna les revenus au prince royal du Portugal.

** C'est une plante dont les racines, comme les

« Quand les barres seront dépassées, me dit
» le capitaine, vous reviendrez à bord, je

---

pommes de terre, sont garnies d'une multitude de tu-
bercules d'un manger délicieux. Elle pousse des
branches de quinze à vingt pieds de haut; ses feuilles,
qui ressemblent beaucoup à celles du saule, sont plus
serrées et plus nombreuses. Sa racine a un pied et
jusqu'à trois de grosseur; sa longueur est d'environ
vingt pouces. On la cultive avec un grand soin dans
les royaumes du Benin et d'Owhère (1); elle vient
dans des terres fortes, rougeâtres et un peu sablon-
neuses; c'est la nourriture générale des habitants. On
en recueille abondamment; elle est d'un meilleur goût
que nos plus excellentes pommes de terre. On la
mange cuite à l'eau ou rôtie. J'ai observé que sa qualité est incomparable lorsqu'elle cuit sans toucher le
fond de la chaudière.

Comme j'aurai souvent occasion de parler des
ignames, je vais anticiper ici sur mon récit afin de dire
en une fois ce qui les concerne. J'avais fait construire une grande chaudière où était posé un gril, à
huit pouces du fond. On versait un peu d'eau dans la
chaudière, après quoi on la fermait hermétiquement.
La vapeur de l'eau bouillante les cuisait en fort peu

(1) On prononce *Ouère*.

» déchargerai la chaloupe et la briserai pour
» faire du feu. »

---

de temps. Cette chaudière contenait deux cents ignames qui donnaient journellement la nourriture à quatre cents personnes. Quand on les retirait du vase, il s'en trouvait dont les parties offraient l'image d'un sucre cristallisé ; celles-là étaient exquises.

Tous les équipages, qui vont dans ces contrées, préfèrent à tout l'igname, même au pain. Sa farine est plus blanche que le meilleur froment. Elle se conserve un an sans altération, si on ne l'expose point à l'humidité. J'en ai rapporté à Nantes qu'on a trouvée excellente.

On ne recueille l'igname qu'une fois l'an, sur la fin de juin ou dans les premiers jours de juillet. Quand on est près d'ouvrir la récolte, le roi du Benin ordonne plusieurs jours de jeûne dans tout son royaume. Il défend à ses sujets de manger des ignames nouvelles, avant qu'on lui en ait présenté la première vingtaine. Une fête alors est commandée qui dure huit jours, et qui est une des quatre principales de l'année; on la nomme *fête des ignames* ; elle se passe en danses et réjouissances assez burlesques.

Si je me suis étendu dans cette note sur les ignames, c'est que je n'ai vu nulle part une description de cette

Je m'embarque, muni de mon octant *,
afin de prendre la hauteur du méridien et
déterminer la latitude de l'embouchure du
fleuve. J'étais assez éloigné, quand je vis le
bâtiment sur le sommet des barres. A l'instant même un grain ** de sud-est s'élevant,
me poussa vent-arrière en pleine mer, sans
pouvoir prêter le côté au vent, de peur d'être
submergé. Le navire, dans une vive appréhension de s'échouer, présentait, malgré
de grands efforts, le flanc à la bourrasque.
La nuit survint, je le perdis de vue. Il tira
par intervalles des coups de canon pour me
rappeler. Je voulus vainement obéir : les
vents, ayant changé de direction, s'opposèrent à mes manœuvres.

---

plante qui me satisfasse. Comme nul européen n'a séjourné aussi long-temps que moi au Benin, je pense
que les lecteurs ne me sauront pas mauvais gré de ces
détails.

* Instrument d'astronomie contenant la huitième
partie du cercle ou quarante-cinq degrés.

** Tourbillon plus ou moins violent.

Le lendemain, à la pointe du jour, je ne
vis plus le vaisseau, ce qui me jeta dans une
étrange perplexité, car j'avais très-peu de
vivres, et je manquais de bois pour faire cuire
les ignames. Je pris aussitôt la résolution de
diriger la chaloupe sur l'île-du-Prince et d'aller
reconnaître la petite île Corisco. Celle-ci dépend aussi des Portugais ; elle est sous le
gouvernement de Saint-Thomas (1). J'atteignis Corisco le quatrième jour ; je l'abordai
sous le vent ; je m'en approchai dans la volonté d'y descendre, pour y couper du bois.
Un de mes matelots se jette à la nage, avec
une corde afin de tirer l'embarcation à
terre. A peine est-il en devoir de nous amener,
qu'une troupe de nègres lui tire une grande

____

(1) Ou Saint-Thomé. C'est une île presque ronde,
d'environ trente-six lieues de tour. Il y a des vignes
qui portent du raisin mûr, en fleur, et en verjus dans
toutes les saisons de l'année ; et ce qui n'étonne guère
moins, c'est que bien qu'elle soit coupée dans le milieu
par la ligne, on y trouve une montagne dont la crête
est toujours couverte de neige.

quantité de flèches dont quelques - unes tombèrent à bord sans nous blesser. Nous hâtâmes le rembarquement du matelot , au moyen de la corde qu'il avait en main.

On éleva la voile ; le vent favorisant notre marche , nous fûmes en un instant hors de la portée des flèches des insulaires. Nous étions encore éloignés de trente-cinq lieues de l'Ile-du-Prince. Les vents et les courans nuisaient singulièrement à notre direction de ce côté ; nous restions toujours privés de bois pour la cuisson des ignames. Ces contrariétés me décidèrent à faire usage des hautes lisses de la chaloupe, afin d'avoir du feu. Les ignames étant cuites , nous les mangeâmes avec un appétit dévorant.

Le vent redevint favorable , et le huitième jour de mon départ de la rivière du Benin , j'entrai au port de l'Ile-du-Prince. Je tombai dans une extrême surprise de n'y point trouver le capitaine Desrud. Il y avait alors eu relâche sur la rade un bâtiment de la

Rochelle ; c'était *le Duc-de-Duras*, venant de Juda , Côte - d'Or , et commandé par M. Delage.

Mon premier soin fut d'aller rendre une visite à M. de Saint-Vincent, gouverneur de l'île, auquel je fis la déclaration des circonstances qui m'amenaient dans ce port , sans omettre les noms du navire , du capitaine et de l'armateur. Il me répondit : « Je ne crois » à rien de ce que vous m'annoncez. Vous » avez enlevé la chaloupe de votre capitaine » dans le dessein de la vendre. Je vais vous » envoyer en prison jusqu'à ce qu'il me par- » vienne d'autres informations. » — « Mon- » sieur , lui répliquai-je , le gouvernement » français ne vous a point établi pour me » juger. Je vais prier M. Delage de venir ici ; » il recevra de ma bouche une déclaration » semblable à celle que vous sortez d'en- » tendre. Avant de savoir si je mérite les » arrêts , souffrez, je vous prie , qu'il me » soit permis de passer à son bord avec mes » hommes; et si le bâtiment *les Deux-Créoles*

» n'arrive point avant son départ, la chaloupe
» sera vendue. Déposés dans le navire de
» M. Delage, nous serons conduits, sous sa
» responsabilité , dans les colonies , où les
» officiers de l'amirauté prendront connais-
» sance du crime dont vous m'accusez si lé-
» gèrement. »

Le capitaine ne fut pas plutôt descendu
chez cet imprudent gouverneur, qu'on l'ins-
truisit des motifs qui exigeaient sa présence.
Il répondit de suite qu'il se chargeait de ma
personne et me prenait bien volontiers sous
sa protection ; puis s'adressant à moi d'une
manière très - affable : « Venez , mon petit
» ami *, vous mangerez à ma table et n'en
» aurez point d'autre jusqu'à l'apparition de
» votre navire. Les hommes qui vous ac-
» compagnent recevront aussi leur ration
» journalière. » En acceptant ses offres gé-
néreuses, je le priai de me fournir , sur

---

* On voit que ma taille et ma jeunesse me faisaient
donner souvent ce nom.

mon reçu, un baril de bœuf salé, ainsi qu'un baril de lard ; c'est avec ces vivres que je nourris les hommes gardiens de ma chaloupe.

Comme M. Delage sortait de la rade pour aller à Saint-Domingue, le capitaine Desrud parut à l'entrée du port. Les deux officiers manœuvrèrent aussitôt l'un sur l'autre, afin de se rencontrer. Ils eurent ensemble un entretien. Je descendis, vers les onze heures du matin, sur *les Deux - Créoles*, après avoir passé huit jours à bord du *Duc-de-Duras*. Je ressentais une joie indicible de me revoir avec mon capitaine, et j'eus soin de lui apprendre toutes les bontés dont m'avait honoré M. Delage. Il me dit qu'il les connaissait, ayant obtenu déjà des communications en mer.

Durant le séjour des *Deux-Créoles* sur la rade, je conçus le desir de prendre une parfaite connaissance de la situation de l'île, du gisement de ses côtes, des diverses anses où l'on pourrait se réfugier dans un gros

temps, s'il ne rendait pas le port accessible ;
mais les Portugais, qui sont naturellement
très-défians, ne souffrent point que l'on visite
l'intérieur de leur île. Afin de lever cet obstacle, je feignis une maladie, et me fis ordonner, par le chirurgien, d'aller passer
quelques jours dans une habitation. L'atteinte
du scorbut devint le prétexte de cette ordon-
nance. Le gouverneur y consentit. Je courus
de suite chez M. Jouan Damathe, officier de la
douane, possesseur d'une des plus belles ha-
bitations de l'île. Là, je découvris de grandes
baies où les vaisseaux peuvent jeter l'ancre
avec toute sûreté.

Le lendemain matin, j'allai me baigner
dans une belle anse, que l'on rencontre dans
l'ouest-sud-ouest. Muni d'une ligne de trente
brasses, à laquelle j'attachai une pierre, je
sondai, en nageant, une grande partie de
l'anse ; je trouvai dix, quinze et vingt brasses
de profondeur : on avait la facilité de mouiller
tout près de terre, à l'abri des orages. Les
habitans me dirent qu'aux premiers temps

de l'établissement des Portugais dans l'Ile-du-Prince, ils abordèrent sur ce point*, mais que depuis, ils ont cessé de le fréquenter, étant repoussés par l'extrême difficulté d'y élever une ville, à cause de la hauteur des montagnes dont l'île est remplie.

L'entrée de ce lieu fut l'objet de nombreuses observations que je consignai dans mon journal pour m'en servir au besoin ; je les communiquai au capitaine Desrud, qui me sembla très-content de ce travail.

Un mois s'écoula durant lequel on fit des réparations au navire et l'on se pourvut d'approvisionnemens, afin d'entreprendre la traversée de l'Ile-du-Prince à l'île de Saint-Domingue. Tout étant disposé pour ce voyage, nous appareillâmes et mîmes soixante-deux jours avant d'arriver au Cap-Français, traversée rendue fort longue par un grand nombre de calmes qu'il nous fallut supporter dans les parages voisins de l'équateur.

---

* C'était l'ancien port.

Nous passâmes également trois mois au Cap; nous y prîmes un chargement en sucre et café, provenant des produits de notre nouvelle vente. Desrud revint en France, et nous entrâmes dans la rivière de Nantes, le 23 nombre 1772, après une campagne de quinze mois vingt-trois jours. C'est précisément le même temps que la précédente (1).

Je restai six mois à Nantes; j'y continuai mes études d'hydrographie. Mon savant professeur, M. Lévêque, dont j'ai déjà parlé, travaillait alors à la composition de son ouvrage intitulé *le Guide du Navigateur*, livre éminemment utile. J'allai le revoir ; il me fournit, avec la plus grande complaisance, les moyens de résoudre plusieurs problèmes qui me paraissaient d'une extrême difficulté. Il m'indiqua la manière de me servir de ses *Tables*, par où l'on abrège beaucoup les

---

(1) Il est à remarquer que, dans les états de service du capitaine Landolphe, il se rencontre plusieurs erreurs à son préjudice.

calculs des opérations d'astronomie. Ses leçons nourrissaient en moi l'envie de me présenter un jour à l'examen , pour être admis
capitaine au service du commerce dans les
voyages de long cours.

M. Cruel me fit prévenir qu'il allait à la
fois armer les *Deux Créoles* sous un autre
nom , et changer de capitaine. M. Jean Boulangé remplaça Desrud , et le bâtiment s'ap-
pela *le Mafougue* ; c'était le nom du premier ministre du roi d'Angole *. M. Boulangé
m'avait réservé une place d'enseigne ; je lui
rendis visite ; mais il était fort peu soucieux
de me conserver , en ce que je tombai dans
l'impossibilité de lui fournir trois mille francs,
afin de compléter la somme de quarante
mille, qu'il employait dans l'expédition. Néanmoins , après avoir pris, le jour suivant,
l'avis de l'armateur, on décida que je serais
embarqué comme enseigne.

Le bâtiment, bien radoubé , reçut son

---

* Ou d'Angola.

chargement. Nous déployâmes les voiles le
29 mai 1773, et nous cinglâmes vers la côte
d'Angole. On jeta l'ancre au port de Malimbe
trois mois après notre sortie, terme assurément long pour cette navigation. Nous passâmes là quatre mois : nous nous rendîmes
ensuite au Cap-Français, où nous demeu-
râmes environ quatre-vingt-dix jours, après
quoi nous opérâmes un nouveau retour en
Europe ; et le 4 juillet 1774 nous vit entrer
dans la rivière de Nantes, à la suite d'une
campagne de treize mois six jours. Je crains
de fatiguer le lecteur par le récit d'une foule
de circonstances qui ont entre elles tant d'a-
nalogie, mais il faudrait renoncer à la fidélité des Mémoires si l'auteur était forcé d'en-
sevelir ces détails.

Ce fut à cette époque qu'il me prit envie
de passer à l'examen. J'avais des motifs d'appréhender un refus, n'ayant point fait deux
campagnes sur les vaisseaux du roi, et parce
qu'il me manquait six mois de navigation
pour le commerce. Je hasardai d'écrire au

ministre de la marine, le suppliant de m'accorder des dispenses. Je joignis à ma lettre deux certificats de deux armateurs de Nantes, qui promettaient de me confier le commandement d'un navire aussitôt que ma réception serait confirmée. Je fus bien inspiré, car les dispenses, signées du roi, me furent expédiées huit jours après les avoir sollicitées.

Pouvant à peine contenir ma joie, je cours chez M. Lévêque. Je feins qu'un jeune homme de mes amis a l'ambition de prétendre au commandement, mais qu'il ignore également le degré d'instruction nécessaire et les formes à remplir pour y monter. Il m'en développa de suite les conditions indispensables. « Je suis, lui dis-je, le jeune homme » pour qui vous prenez le change ; c'est moi » qui veux risquer cet examen ; voici les » dispenses que m'accorde Sa Majesté. » — « Venez demain dans mon cabinet, répond » avec la plus grande bonté M. Lévêque ; je » vous interrogerai sur la construction de

» l'octant et du secteur, ainsi que sur la
» manière de les rectifier quand on les
» met en usage pour observer la hauteur des
» astres. »

Je ne manquai pas d'aller au rendez-vous.
Mes réponses et mes opérations le satisfirent.
On prévint, pour assister à mon examen,
l'avocat, le procureur du roi, le lieutenant-
général de l'amirauté, deux capitaines en
titre et M. Lévêque. Le jour fixé au jeudi
25 mars 1775, je me rends au tribunal de
l'amirauté; je subis l'interrogatoire d'usage,
et l'on me reçoit « en qualité de capitaine,
» maître, patron et pilote, pour commander
» et piloter un navire aux voyages de long
» cours, soit avec la pratique ou la théorie. »
C'est ainsi que s'expriment mes lettres, en-
registrées au greffe de l'amirauté de la ville
de Nantes.

Lorsque je fus en possession de mon grade,
je rédigeai le prospectus d'un établissement
de commerce dans la rivière du Benin. Je pris
la route de Paris; je présentai mon projet à

M. David , ancien gouverneur de la colonie
du Sénégal , et à M. Eriès , tous deux che-
valiers de Saint-Louis. Ce dernier avait été
sous-gouverneur aux ordres de M. le duc de
Lauzun (1), alors nommé gouverneur-gé-
néral de tous les établissements français sur
les côtes d'Afrique. On était sur le point
de créer MM. Eriès et David administrateurs d'une compagnie dite de la Guyane
française. M. David , à l'aspect de mon plan ,
sentit tout l'avantage que le commerce français pourrait retirer de son exécution ; il
exigea de plus grands développements sur
les ressources du pays et ses localités, avant
de le soumettre aux membres de la société. Il
ne me cacha point qu'il entrevoyait pour moi
l'espoir d'une immense fortune ; mais il fallait
attendre peut-être long-temps.

Ma bourse n'étant pas dans un état bien
prospère, je craignis de l'épuiser dans une

---

(1) Le duc parle, dans ses *Mémoires*, de son expédition au Sénégal, à laquelle, autant que je peux m'en
souvenir, il consacre quelques pages.

vaine attente; c'est pourquoi je me décidai à reprendre le chemin de Nantes. J'allai retrouver le capitaine Boulangé , qui m'accueillit très - cordialement. Il se disposait à l'armement d'un navire à la Rochelle pour la côte d'Angole. « Voulez-vous entreprendre » avec moi ce voyage ? me dit-il. Bien que » vous ayez le grade de capitaine , je ne peux » vous offrir que celui d'enseigne , car les » armateurs se sont réservé la nomination » aux emplois des autres officiers. » — « J'ac- » cepte la proposition sans hésiter , répon- » dis-je; l'amitié que vous m'avez témoignée » dans la dern .re campagne m'engage à vous » suivre sous celui de tous les grades qu'il » vous plaira de m'accorder. » — « Soyez » donc bientôt prêt. Dans quatre jours je » pars pour la Rochelle; je vous emmène » dans ma chaise de poste , et vous n'aurez » aucuns frais de route à supporter. »

Le capitaine , en arrivant dans ce port , s'empressa de me présenter aux armateurs , MM. Dumoutier et de Jarnac. Ces messieurs le reçurent très-froidement pour m'avoir emmené de Nantes, et lui demandèrent avec humeur si je comptais prendre un intérêt dans l'expédition. Sur sa réponse négative, ils déclarèrent que je ne serais pas embarqué. « Il le sera, messieurs, s'écrie Boulangé. A » quel taux fixez-vous cet intérêt? » — « A » trois ou quatre mille francs au moins. » — « Je les donne, ajoute Boulangé; on les » comprendra, comme supplément, aux » trente mille que je fournis à l'entreprise. » Il n'y eut plus d'objection, mon embarquement fut résolu.

On doit facilement imaginer combien ce procédé du capitaine me toucha; il vit aussi, dans la chaleur de mon ame, combien j'y étais sensible. C'est un de ces moments, dans la vie, où les puissances morales de l'individu se concentrent pour laisser dominer, parmi tous les sentiments généreux, celui de la plus vive reconnaissance. Il me fit dîner avec lui à l'hôtel du Bien-Nourri. Après le repas, nous allâmes à bord de notre nouveau navire. Il s'appelait *le Baron de Montmorency*, du nom du gouverneur des provinces de Saintonge et d'Aunis , et portait derrière la poupe un écusson cintré et doré , armoiries de ce gouverneur , avec la devise : *Dieu aide au premier baron chrétien.*

Après avoir examiné le vaisseau , M. Boulangé me conduisit dans une pension bourgeoise. Nous y avons pris ensemble la nourriture et le logement pendant près de deux mois , aux frais du noble capitaine , qui n'a jamais voulu souffrir que ma part de cette dépense sortît de ma bourse.

Les travaux opérés et le chargement complet, M. Boulangé se rendit à son bord avec tout l'équipage et se mit en rade de Chef-Baye. Les marchandises qui complétaient la cargaison n'étant pas toutes embarquées, je fus chargé de les prendre à terre sur un bateau. Le soir même , le courrier m'apporta de Paris une lettre d'un parent, qui me recommandait de retarder mon départ, en ce que la compagnie de la Guyane me destinait

le commandement de l'un des premiers navires qu'elle se proposait d'armer. Cette nouvelle me jeta dans un extrême embarras;
mais ma résolution fut bientôt prise, c'était
de tout sacrifier au sentiment que m'inspirait
la belle conduite de M. Boulangé. Je répondis
à mon parent que sa lettre m'était parvenue
au moment où le navire mettait dehors toutes
ses voiles, et que je n'avais plus le choix de
m'attacher au parti qu'il me conseillait de
prendre.

Nous eûmes le bonheur de faire en cinquante-quatre jours la traversée aux côtes
d'Angole. On mouilla sur la rade de Malimbe, où se trouvaient trois navires français, du Hâvre, de Nantes et de Bordeaux.
Les courtiers du pays, connaissant déjà notre
capitaine, lui donnèrent, à prix égal, la
préférence sur les autres; ce qui nous mit
dans le cas de repartir au bout de quatre
mois pour Saint-Domingue. Nous entrâmes
au Cap-Français quarante-quatre jours après
notre sortie de Malimbe.

Au mois d'octobre, le capitaine Boulangé
fit l'acquisition d'un navire, qu'il nomma
le Saint-Jacques. Il le chargea de sucre et de
café pour le compte de M. Gruel, que j'ai
déjà cité. Le commandement de ce vaisseau
m'ayant été confié, je fus contraint, par les
mauvais temps qui m'emportèrent toutes
les voiles, d'entrer à Lorient afin d'y réparer les avaries. J'expédiai sur-le-champ
M. Allard, enseigne, qui partit pour Nantes
à franc-étrier, avec une lettre écrite à M. Gruel,
où je lui annonçais l'arrivée du *Saint-Jacques*,
que j'espérais bientôt conduire à Nantes. Ce
négociant concevait de grandes inquiétudes
sur le sort du navire, dont il n'avait pas eu
de nouvelles depuis long-temps; car son correspondant du Cap lui ayant annoncé mon
départ de cette ville pour le mois de juillet,
il ignora presque cinq mois si j'avais ou non
fait naufrage. On lui demandait d'abord cinquante pour cent d'assurance : il trouvait ce
taux trop élevé. Cependant ses craintes prenant avec le temps plus de fondement, il

consentit à ce qu'on exigeait ; mais les assureurs se crurent en position d'augmenter leurs prétentions ; ils voulurent dix pour cent de plus, ce que M. Gruel refusa net.

Il passa donc tout-à-coup d'une grande inquiétude à une satisfaction très-vive, en recevant ma lettre vingt jours après ce débat. J'avais recommandé le silence à l'officier qui la portait. M. Gruel, allant à la bourse, dit aux assureurs : « Hé bien, messieurs, vous » refusez donc toujours d'assurer mon *Saint-* » *Jacques ?* » — « Bah ! votre *Saint-Jacques,* » il y a long - temps qu'il est coulé ! * » — « Oh oui, fort heureusement dans le port de » Lorient. Tenez, lisez ce que m'écrit le ca- » pitaine Landolphe, qui s'est avisé de trou- » bler mon sommeil à trois heures du ma- » tin par un exprès. »

Cette nouvelle répandit une grande surprise sur la place de Nantes ; les assureurs

---

* Au lieu de ce mot, c'est un juron qui fut dit.

regrettèrent d'avoir montré une pusillani-
mité qui les privait d'un bénéfice de près de
quatre-vingt mille francs, puisque la cargaison du *Saint-Jacques* était évaluée à deux
fois autant.

Le 15 décembre 1776, je vins à Nantes et
fis décharger le navire. M. Gruel, se préci-
pitant dans mes bras, me dit : « Ne cherchez
» pas d'autre bâtiment à commander ; celui
» que vous avez amené de Saint-Domingue
» vous appartient ; je vais l'armer de suite. »
Je le remerciai de cet excès de confiance les
larmes aux yeux. Ma position ne me permit
ni d'agréer ni de refuser le témoignage de
sa générosité, parce que des affaires qui
m'appelaient à Paris pouvaient à mon égard
changer la face des choses. Je le priai de me
charger du soin de ses commissions, en le
prévenant que je partirais dans le délai de
trois jours au plus pour la capitale. La seule
qu'il me donna était une lettre de crédit chez
MM. Simon Jeauge et Dupuis, banquiers,
où j'avais la liberté de prendre tous les fonds

dont les circonstances me feraient une nécessité.

Je vins à Paris le 24 décembre. J'allai voir
M. David qui, depuis mon départ de ce lieu,
avait été inscrit parmi les directeurs de la
compagnie de la Guyane, M. de Neubourg,
receveur-général des finances, et M. de Montjuzion, secrétaire - général. Tous les trois
m'apprirent qu'ils s'étaient occupés de mon
projet d'établissement à l'entrée du fleuve du
Benin, et que l'on me destinait le commandement de l'un des quatre vaisseaux cédés à
la compagnie par le roi.

Jusqu'au mois de février, je ne songeai
plus qu'à dresser l'état des diverses marchandises qui devaient composer la cargaison;
j'y en joignis deux autres comprenant l'é-
quipage et les provisions. Je remis ces pièces
à M. de Montjuzion, rue du Croissant, hôtel
de la compagnie. L'administration m'écrivit
de me rendre sur-le-champ au Hâvre pour
y commander un navire encore sur les chantiers. Mais quel fut, en arrivant, mon étonne-

ment de voir ce vaisseau que l'on me désignait, lancé à l'eau , mâté, gréé , chargé ,
recevant tout son équipage, sortant du bassin,
mettant à la voile, et tout cela avec une telle
promptitude que je n'ai jamais rien rencontré
de semblable !

Me trouvant sans activité , j'adresse mes
plaintes à l'administration , qui les communique aussitôt à l'assemblée des sociétaires.
Cette assemblée se composait toute entière
de receveurs - généraux et de fermiers - généraux. On me prescrivit d'attendre huit
jours , durant lesquels on allait solliciter du
ministre de la marine un autre vaisseau. En
effet, la semaine suivante , on m'enjoignit
de me rendre à Saint-Malo, afin d'y commander un navire en construction. Là je trouvai
la Négresse, nommée ainsi par la compagnie,
si peu avancée que l'on venait de poser sa
quille sur les chantiers , sous la direction de
M. Chevillard , constructeur et ingénieur de
la marine. Je ne fus pas mécontent de trouver
l'ouvrage dans cet état, parce qu'il me four-

nissait une nouvelle occasion de m'instruire, en suivant journellement le travail de cet ingénieur, qui était un très-habile homme dans son art , et qui poussait la complaisance au point de m'indiquer par leur nom toutes les pièces entrant dans la construction d'un vaisseau, quelle que soit sa grandeur.

Au mois de septembre on mit le navire à l'eau. Ce beau spectacle me remplit d'admiration , eu ce qu'il ne fut pas lancé, selon l'usage, sur des couettes ou des berceaux (1). On l'avait établi sur une plage de sable très-plate. Je ne concevais pas comment il pouvait de ce lieu descendre dans la mer. Je fis part à ce sujet de mes idées à M. Chevillard , qui me tira d'embarras , en m'apprenant qu'il ne serait pas lancé, mais que la marée viendrait l'enlever. Cela ne laissait point de m'étonner encore , car je n'avais jamais vu les eaux s'élever assez pour atteindre ce but. Lorsque le construc-

____

(1) On appelle ainsi un établissement de charpente construit sous le vaisseau, lorsqu'on se dispose à le lancer à la mer.

teur sentit approcher le moment des plus hautes marées, il fit creuser par cinquante hommes le sable autour du navire, qui fut bientôt au niveau du banc ; la mer montant vint mouiller ses bords, et le mit à flot sans secousse comme sans danger. On le conduisit dans la rade pour être mâté, gréé et chargé sous le plus bref délai.

Comme on envoyait l'artillerie à bord, le batelier, chargé de dix pièces, eut le malheur de mal élinguer(1) la seconde pièce; elle tomba sur le bateau , le brisa et le fit couler à fond : on sauva les quatre hommes qui le montaient, mais l'embarcation fut perdue. Des plongeurs retirèrent les pièces du fond de l'eau, qui n'avait pas moins de trente pieds. Je sollicitai de MM. Marion Brillantais, frères, négociants avec qui je correspondais, une indemnité proportionnée à la perte qu'avait subie le batelier ; elle fut accordée par les

---

(1) Mettre un gros cordage autour d'un fardeau pour l'embarquer ou le débarquer.

administrateurs pour le compte de la compagnie.

Le 4 octobre, je fis venir un prêtre à bord
pour y dire la messe, et donner la bénédiction
au vaisseau. J'avais invité ce jour-là plusieurs
personnes à dîner. Le navire était garni de
pavois. Des musiciens firent danser les con-
vives : mais voilà qu'au milieu du plaisir
une furieuse tempête, s'élevant tout-à-coup,
nous donne le bal d'une tout autre manière.
Je laisse tomber mes ancres. Les canots de
service, que j'avais pris pour le transport
des personnes appelées à la cérémonie, étant
hors d'usage dans une mer si violente, la
plupart de mes conviés se virent contraints
de passer la nuit à bord. Le lendemain, la
société regagna la terre par un très-beau temps.
Cette tempête, en langage du pays, se nomme
un coup d'équinoxe.

Trois jours après, je mis à la voile pour le
Hâvre, dans la vue d'y prendre un supplément de cargaison que l'on m'avait expédié
de Paris et de Rouen. Je devais aussi recevoir

une provision de biscuit de Honfleur, qui est fort estimé.

Au mois de novembre, *la Négresse* fut chargée et armée en lettre de marque (1), avec vingt pièces de canon et quatre-vingt-dix hommes d'équipage. Après ma sortie du bassin, je cinglai vers Lisbonne afin d'y acheter huit cents roles de tabac, du poids de quatre-vingts livres chaque, dont je sentais l'utilité pour mon nouveau commerce. La compagnie de la Guyane m'ayant confié le titre d'administrateur en chef de l'établisse-

----

(1) Le dictionnaire de l'Académie omet la défini-tion de ce mot. Le grand dictionnaire raisonné de la Marine ne s'explique pas davantage. Seulement à l'ar-ticle *Lettre*, il dit : « On appelle ainsi, dans les ports
» de Picardie et de Flandre, une commission que
» les étrangers prennent d'un prince dont ils ne sont
» pas sujets, pour faire le commerce sous son pa-
» villon, ou pour armer en course contre ses en-
» nemis. »

On doit entendre par *Lettre de marque* un navire armé en guerre et chargé de marchandises.

6.

ment que je me proposais de former à l'embouchure de la rivière du Benin, il fut résolu que, pour seconder mes projets, on m'enverrait en ce lieu, tous les trois mois, la même quantité de marchandises que j'emmenais. Mon second capitaine devait commander le navire aussitôt notre arrivée dans ce fleuve, et repartir pour la France, tandis qu'à terre j'élèverais un fort, établirais des magasins, ferais des échanges, etc.

Au bout de neuf jours de mer, nous mouillâmes dans la rade de Belem, à deux lieues de la capitale des Portugais. Les navires étrangers, chargés de marchandises, sont forcés de s'arrêter en cet endroit s'ils vont à Lisbonne, sans quoi l'on exigerait d'eux une entrée de trente pour cent sur la valeur de ces marchandises.

Il y avait alors à Belem une escadre anglaise, composée de plusieurs vaisseaux et frégates. Les Anglais et les Américains étant en guerre, une de ces frégates avait capturé quelques bâtiments de la Nouvelle-Angleterre.

Elle déposa dix-sept prisonniers sur le bord de l'amiral. Les Américains, à la vûe d'un navire français ancré à deux lieues de distance, eurent la hardiesse de se précipiter dans la mer, pour venir à la nage prendre un asile sur *la Négresse*. Il était onze heures du soir quand ces malheureux touchèrent la chaloupe ; la sentinelle faillit tirer sur eux. On m'éveilla. Je me lève, et je vois sur le pont les dix-sept hommes sortant de l'eau. Après leur avoir distribué des liqueurs, je les interroge. Leur déclaration m'annonce qu'ils sont habitants de la Nouvelle-Angleterre. Ils avaient parmi eux cinq capitaines. Je leur dis à tous que je recevrais volontiers ceux qui consentiraient à faire la campagne avec moi, aux mêmes conditions que les hommes de l'équipage. La proposition fut agréée par les douze matelots ; je conduisis les cinq officiers à Belem, chez un Français tenant un cabaret, et je laissai une somme à chacun pour se nourrir.

Dans la matinée de ce jour, vers les onze

heures , tandis que j'étais à terre , un canot de l'amiral anglais , portant un lieutenant de vaisseau , s'approch.. de *la Négresse*. L'officier monte à bord et som...e M. Langrené , mon second , de lui délivrer de suite les dix-sept prisonniers de guerre , déserteurs du vaisseau amiral ; puis il montre assez d'insolence pour vouloir se permettre une visite dans l'entre-pont. Langrené, qui n'aimait pas du tout ces manières , lui dit ces propres mots : « Mon- » sieur, prenez garde à vous , à vous-même, » je le répète. Vous êtes entré dans ce navire » par le côté de tribord , mais je dois vous » déclarer que, si votre embarquement n'a » pas lieu sous deux secondes, je vous fais » débarquer par babord. » Cette menace était à peine exprimée qu'il appelle vingt hommes, en leur disant : « Jetez-moi * cet insolent à » la mer. » L'Anglais, voyant cette résolution qui n'avait rien d'équivoque , se rembarque au plus vite.

---

* C'est encore un juron qui fut prononcé.

Revenu le soir de Lisbonne, j'appris de Langrené la conduite qu'il avait tenue en cette rencontre ; j'y donnai sans hésiter mon approbation.

Le lendemain, des affaires sollicitaient ma présence à Lisbonne. Ayant lieu d'imaginer que j'y recevrais quelque insulte des matelots de l'escadre anglaise , je fais placer une douzaine de sabres dans les coffres de mon canot; je m'embarque avec un patron et dix de mes meilleurs matelots. En approchant du quai, je le vis entièrement barré par les chaloupes de l'escadre anglaise, de telle manière qu'on n'avait pas laissé le moindre passage pour débarquer. « Ah ! dis-je aux marins, il y a » une cabale ici pour nous fermer l'entrée » du quai. Allons, mes amis, il nous faut » triompher de cet obstacle par un bon coup » d'aviron, et coulons le canot de l'un de » ces odieux freluquets (1). » Les marins, qui partageaient mon sentiment, ne de-

---

(1) Expression propre du capitaine.

mandèrent pas mieux que de le seconder ; ils redoublèrent d'efforts et donnèrent tant de vitesse au canot, gouverné par l'habile patron, qu'il arriva sur le travers d'une chaloupe anglaise ; elle fut aussitôt mise en pièces et coulée à fond. Je débarque incontinent. Les Anglais accourent en foule sur mes gens afin de venger cet outrage : ceux-ci, armés de leurs sabres, montrent une telle contenance que les assaillants jugent à propos de prendre la fuite.

Débarrassé de cette nuée d'insolents, je me rends fort paisiblement chez M. le comte de Blossac, ambassadeur de France auprès de la cour de Portugal. Je lui rapporte également la conduite de l'amiral anglais envers les prisonniers américains montés sur mon bord, et la rixe qui venait de s'élever sur le quai, à la suite de cet évènement. Je lui demande en outre si la guerre est commencée entre la France et l'Angleterre : « Non, pas encore, » répond son excellence, mais elle le sera » bientôt. J'approuve assurément dans tout

» ceci la fermeté de votre caractère, mais
» je vous conseille de presser votre charge-
» ment et de sortir du port le plus tôt que
» vous pourrez. »

J'allai de suite à la douane; je priai les
employés de m'expédier promptement le reste
de mes tabacs, car j'en avais déjà reçu une
grande quantité. Je redoutais fort, en cette
occurrence, une rupture entre les deux nations. Le lendemain de ma visite à l'ambassadeur, un courrier me fut envoyé par la
compagnie, qui, considérant la guerre comme
déclarée, m'enjoignait de hâter mon départ
pour ma destination. Elle me prévenait qu'aucun de ses navires ne suivrait cette expédition, et qu'elle attendrait un temps plus
favorable pour former l'établissement pro-
jeté. Cette lettre fut pour moi un nouvel
aiguillon.

La veille de mon départ de Lisbonne, une
frégate anglaise, se détachant de l'escadre,
descend le fleuve jusqu'à Belem. Elle s'approche de mon bord, met en panne et m'a-

dresse de grandes menaces par la voie des signes. Irrité de tant d'audace, j'ordonne aux matelots de monter sur les passavans et de s'y mettre en ligne. Le maître d'équipage commande la manœuvre suivante : « Tournez » le dos à la frégate : déboutonnez la cu- » lotte : baissez la tête : le corps plié en » deux : montrez le derrière à cet effronté » capitaine *. » Dès que cette manœuvre fut exécutée à la barbe de l'autre équipage, qui ne put s'empêcher de l'entendre et de la voir, la frégate fit voile et se mit en devoir de m'attendre à la sortie du fleuve **.

Le lendemain, sur les dix heures de la matinée, comme je me disposais à partir, le pilote portugais, quoiqu'à mon bord, refusait son office, parce que, témoin de la

---

* Des gens d'un goût difficile trouveront sans doute ce commandement cynique ; je suis de leur avis. Je ne dis pas ici ce que j'ai dû faire, mais seulement ce que j'ai fait.

** Les matelots, que cette scène avait fort égayés. m'appelèrent entre eux le capitaine *montre-c...*

manœuvre qui avait mis tant de postérieurs en évidence, il ne faisait aucun doute que nous serions attaqués hors de la rivière. Afin de vaincre sa répugnance, je lui promis dix louis s'il consentait à m'affranchir des dangers du banc de roche *la grande Cachope**, et qu'ensuite je le renverrais dans son canot. Ma proposition l'ayant ébranlé, son avarice lui ferma les yeux sur le péril. Nous franchîmes heureusement les écueils.

J'étais à peine en vue de la frégate, qui se trouvait à près de trois lieues de moi, qu'elle cingle à pleines voiles de mon côté. Son dessein me parut clair, et le combat devant être inévitable, je disposai mon équipage à

---

* Il y a dans la même rivière un autre écueil, *la petite Cachope;* ils sont tous deux fort dangereux, en ce que l'eau les couvre en tout temps. Un navire, poussé par la tempête dans le fleuve, doit longer la terre du nord jusqu'auprès du fort Saint-Julien. Il peut s'en approcher sans risque à la distance d'une longueur de câble. Cette remarque peut être utile aux navigateurs qui n'ont point fréquenté cette rivière.

la bien recevoir si elle m'atteignait. Le vent du nord-est soufflant avec une grande force, je déployai toutes les voiles que le navire pouvait supporter ; je longeai les côtes du sud du Portugal , dites *Stuval*. Je m'aperçus bientôt que , loin de gagner de vitesse sur ma marche, la sienne se ralentissait. Je fis toute la nuit plus de trois lieues par heure. Cet avantage rendit sans doute inutile la poursuite de la frégate , car , au point du jour , elle avait disparu.

Je me dirigeai sur l'île de Madère, que nous découvrîmes le troisième jour, et sur les Canaries. Après avoir attéri à l'île de Palme , une des plus occidentales de ce groupes d'îles, connues aussi sous le nom de *Fortunées* , je fis route sur celles du Cap-Verd afin de prendre connaissance de l'île de Sel. J'atteignis et doublai le cap de Palme, situé par 4° 30′ nord ; j'approchai de la rivière Saint-André ; je côtoyai tous ces parages en observant leurs différentes situations, ainsi que les caps Appollonia et des Trois-Pointes :

ce qui me donna lieu de voir plusieurs grandes côtes élevées l'une sur l'autre en amphithéâtre, jusqu'à trois rangs. Aussitôt qu'on a doublé le cap des Trois-Pointes, on arrive à la Côte-d'Or, où se fait un immense commerce d'ivoire.

Je vis aussi le grand fleuve de Volte, à l'entrée duquel les Danois ont élevé un fort, sur un îlot. Dans les mois de juin, juillet et août, saison des pluies, ses courants ont tant de violence qu'ils se font sentir à dix lieues de terre. Les navigateurs doivent les envisager avec une extrême précaution, car ceux qui n'en ont qu'une connaissance imparfaite courent le risque de manquer l'entrée des divers ports dans lesquels doit s'effectuer leur débarquement ou leur relâche.

Quand on a passé le Volte, on trouve, en approchant de la terre, un village appelé Koto ou Keto, qu'habitent des nègres. On y reçoit des provisions en abondance, telles que moutons, cochons, volailles, etc. En parcourant cette côte, on passe devant les rades d'Epée, Patagri, Juda, Portonovo,

Aunis. Là est une rivière étroite où n'entrent que de très-petits navires. Quand on a le dessein d'aller de ce point au fleuve du Benin, il ne faut pas s'écarter de la terre. On doit se servir de la sonde, principalement la nuit, et suivre les lieux qui donnent une profondeur de quinze à vingt brasses, où l'on rencontre un sable fin, très-roux. Dès que la sonde annonce un fond de vase, on n'est plus éloigné de la rivière du Benin que de dix-huit ou vingt lieues. Les terres sont si basses, depuis Aunis jusqu'à l'entrée de ce fleuve, qu'à la profondeur de trente brasses on ne les voit plus; il arrive alors qu'on demeure fort exposé à manquer cette entrée si l'on s'est tenu un peu trop au large.

J'ai vu plusieurs fois des navires anglais qui avaient mal pris leurs mesures pour s'y introduire, obligés de remonter la Côte-d'Or afin de revenir à cet endroit. Je dois ajouter à ce que j'ai dit sur la barre (1), qu'il est prudent de conserver, à cinq lieues de là, un fond d'environ quinze

______

(1) Voyez la page 49 de ce volume.

brasses, en ce qu'elle se trouve loin des côtes de la rivière, et qu'on est toujours près d'y échouer. Il faut avoir l'attention de gouverner du sud-est au sud pendant le jour seulement. Cette route conduit au fleuve qu'il est bien intéressant de reconnaître, puisque son enfoncement s'étend plus loin que la vue. Quand on s'est bien assuré qu'on l'a devant soi, l'on peut laisser tomber l'ancre par trois ou quatre brasses, fond vaseux. Alors on se trouve encore à plus de trois lieues de l'entrée, ainsi qu'à deux mille toises des écores (1) de la barre. Il y a des saisons où il serait plus qu'imprudent d'en approcher davantage, parce que la mer y déferle (2), et qu'aucun navire ni embarcation n'oserait en risquer le passage, surtout depuis le commencement de juin jusqu'à la mi-septembre.

Je fis mon entrée dans ce fleuve au mois de février 1778, après une traversée bien

---

(1) Escarpements.

(2) Brisement des lames qui écument avec bruit.

longue, puisqu'elle dura près de quatre mois, et je le remontai jusqu'à Régio. Je descendis à terre au village de Gathon, où je pris une maison à loyer, afin d'y établir mon commerce. Ma première attention se porta sur les phidors, à qui je rendis visite. Je prévins Danikan, le premier d'entre eux, comme je l'ai annoncé (1), que je souhaitais de fonder en ce lieu un vaste établissement, utile aux Français, et que, pour obtenir la protection du roi du Benin, j'étais tout disposé à lui offrir mes hommages en personne. Danikan et ses deux adjoints me firent une réception très-amicale, qui me sembla d'un heureux présage. Ils m'assurèrent qu'ils allaient envoyer un exprès au roi pour lui donner avis de mon arrivée et de mes projets. Effectivement, le troisième jour il me vint deux ambassadeurs, que l'on nomme *passadors*, qui me complimentèrent de la part du roi sur mon voyage, en m'annonçant qu'il me recevrait avec le plus grand plaisir.

---

(1) Page 53 de ce volume.

La ville de Benin est à dix lieues de Gathon. Les passadors me demandèrent comment j'entendais parcourir ce trajet, que je pouvais faire à cheval ou dans un hamac. Je donnai la préférence au dernier transport. Le lendemain, ayant distribué aux phidors divers présents, tels que trois beaux chapeaux relevés d'une bordure en or, une pièce de superbes mouchoirs de Cholet, une pièce de Perse, trois brasses de tabac à fumer, avec une douzaine de pipes de Hollande, je vis arriver trente-deux nègres vigoureux, destinés au voyage. Un de mes officiers m'accompagnait. Nous montâmes chacun dans un hamac, disposé avec des traverses, de telle sorte qu'on y est assis comme sur un fauteuil, ayant un parasol à la main, afin d'être garanti de l'extrême chaleur* qui règne en ces climats. Trente hommes armés de fusils nous escortaient......

----

* Elle demeure constamment, le jour, entre quarante et cinquante degrés. La nuit, il tombe une rosée prodigieuse.

Durant toute la route nos porteurs couraient en chantant. On fit halte à moitié chemin , où nous trouvâmes , à l'ombre de grands arbres, des ignames cuites, des figues, des bananes, des cocos et des vins de palmier, que le roi avait ordonné de préparer pour témoigner sa joie , nous dit-on , de recevoir des Français. Malgré la halte , le chemin fut parcouru en cinq heures.

En entrant dans la ville , on nous fit descendre chez le capitaine-général des guerres, nommé Jabou , et nous fûmes introduits dans une vaste et belle salle , élégamment incrustée de petits coquillages des Indes*. On nous apporta, remplis d'eau, deux grands bassins de cuivre jaune , de neuf pieds de circonférence , où des esclaves nous lavèrent les pieds , en déclarant que, sans cette précaution , nous ne pourrions voir le capitaine-général. Il fallut donc s'y soumettre. Le capi-

* On les appelle *cauris* : ce sont ceux qui sont connus en France sous le nom de *pucelages.*

taine Jabou nous fit annoncer par un de
ses phidors qu'il nous recevrait avec joie.
L'introducteur nous conduisit dans une salle
de quarante pieds de longueur, où l'on re-
marquait plusieurs statues mal exécutées;
c'était l'image de ses aïeux qui avaient exercé
la même fonction que lui. On nous servit
par ses ordres un repas abondant en volaille cuite, mouton rôti, ragoûts assaisonnés
d'huile de palme * et de beaucoup de piment,
avec des ignames exquises.

---

* L'huile de palme sort d'un arbre fort commun
dans les forêts du Benin et d'Owhère. Le fruit de cet
arbre vient en gros paquets d'olives brunes et jaunâtres,
qui ressemblent au gland et sont aglomérées comme
les excroissances de la pomme de pin. Les paquets
sont quelquefois d'un si grand poids qu'un homme
peut à peine les porter. Le fruit renferme un noyau
très-dur que les rats palmistes aiment beaucoup. Ce
noyau est entouré d'une substance ou tunique jaune
employée par les nègres à divers usages. Pour obtenir
l'huile, on creuse un arbre en forme de crèche. On y
jette une grande quantité de noyaux de palmier qu'on
écrase avec des pilons. Ensuite on y verse de l'eau

» « Nos porteurs nous apprirent que ce capitaine était le plus riche de toute la contrée;

bouillante. L'huile surnage ; elle est enlevée au moyen
d'une sorte d'écumoire, et conservée dans des jarres
ou des calebasses.

Cette huile, dans sa fraîcheur qui dure environ
quinze jours, est très-bonne aux fritures ; les nègres
l'emploient au poisson, à la volaille, au mouton, à
l'igname et à toutes sortes de sauces, ou plutôt c'est
la sauce de tous leurs mets. Elle a l'odeur de la vio-
lette, et surpasse assurément la première qualité de
nos huiles d'olive. Servant à l'usage des lampes, elle
répand sans odeur et sans fumée une clarté très-
brillante qui ne le cède en rien au procédé de l'éclairage
par le gaz hydrogène.

On recueille dans le pays une si grande quantité de
cette huile, qu'elle ne me coûtait jamais plus d'un
sou la livre; aussi tous les habitants se servent-ils de
plusieurs lampes à la fois dans leurs maisons.

Ayant conçu l'espérance de la rendre utile à nos
manufactures françaises, j'en achetai plus de cinquante
barriques de la contenance de nos pièces de vin, qui
furent chargées sur la corvette *l'Afrique*, avec diverses
productions précieuses des deux États, consistant en
bois rouge, violet, jaune, bleu, en copal, en une

que son pouvoir balançait celui du roi; qu'il possédait plus de dix mille esclaves et n'en vendait jamais *; que, marchant aux combats, il avait toujours cinquante à soixante mille hommes sous son commandement. Je lui donnai, en présent, un manteau d'écarlate galonné, un chapeau bordé d'or, un collier de corail fait en tuyau de pipe, de la valeur de cinq cents francs. Il me sembla fort content de ces objets. L'interprète me dit, par son ordre, que tous les Français jouiraient de la plus grande sécurité dans l'état de Benin, car la moindre insulte envers eux, de la part des noirs, emportait la peine de mort.

---

vingtaine de milliers de livres d'ivoire, en mille tapis de coton fabriqués par les Beniniens. J'expédiai le tout pour la France en 1789. Malheureusement cette corvette a péri. J'ai toujours ignoré le lieu comme les circonstances de son naufrage.

* On ne vend point d'esclaves aux états du Benin et d'Owhère : ceux qu'on livre au trafic viennent des pays limitrophes.

Le capitaine Jabou n'avait guère plus de trente ans ; sa taille était d'environ cinq pieds cinq pouces ; on voyait l'amabilité sur son visage que l'on pouvait considérer comme très-beau parmi les noirs ; le feu de son ame pétillait dans ses yeux : sa démarche, aussi grave qu'imposante, son ton et ses manières pleines de noblesse, annonçaient la grandeur des fonctions dont il était revêtu. En me retirant de sa présence, il voulut bien m'engager à le revoir à mon départ du Benin, ce que je lui promis avec une sorte d'attendrissement.

Les conducteurs me transportèrent, à l'entrée de la ville, dans une maison bâtie par le roi pour y loger les Européens qui viennent en ce lieu. Aussitôt que j'y fus descendu, mon escorte fit une décharge de mousqueterie. En un moment, trois ou quatre mille nègres et négresses accourent au bruit, avec un grand desir de nous voir. Il fallut, mon officier et moi, nous montrer à cette multitude, qui ne cessait de faire retentir l'air d'acclamations de joie , et de surprise pour ceux auxquels les blancs étaient encore inconnus

Après notre installation dans ce nouveau domicile , je fis annoncer au souverain mon arrivée en lui demandant l'heure où il daignerait me recevoir. Deux passadors vinrent sur-le-champ me prévenir, de sa part, que je serais introduit à onze heures du soir. Il m'adressa des vivres de toute espèce dans de grands plats d'étain très-propres et couverts d'un linge excessivement blanc. Il y avait quelques volailles et du mouton cuits, avec une centaine d'excellentes ignames du poids de trois livres chaque : douze poules et douze moutons vivants, quatre gros régimes (1) de figues bananes , d'un goût fin et sucré, achevaient l'envoi. De son côté, le capitaine-général des guerres m'expédia des vivres cuits de la même

____

(1) Rameaux chargés de fruits.

qualité que ceux de son maître ; il y joignit six moutons et douze poules en vie. Tout ce qui avait subi la cuisson était assaisonné d'huile de palme avec une grande quantité de piment. Je fis conduire incontinent les animaux en vie à mon comptoir de Gathon.

A l'heure indiquée, deux passadors vinrent me chercher pour m'introduire auprès du souverain. Je m'habillai et les suivis, accompagné de vingt-cinq nègres armés de sagaies*. Deux grandes lampes, chacune à quatre mèches, nous éclairaient. Arrivés à l'enceinte du palais, nous traversâmes plusieurs cours spacieuses, dont une renfermait les tombeaux des rois de Benin. Il ne me fut

* Espèce de pique, longue de six pieds, fort acérée, et maniée si habilement par les nègres qu'ils la lancent, à vingt-cinq pas, dans une carte attachée sur un arbre: Elle diffère de la sagaie dont se servent les insulaires de Madagascar, et qui n'est qu'une espèce de dard ou de javelot.

pas permis de m'y arrêter, selon mon desir, pour contempler ces monuments. En sortant de là, on me fit passer dans un grand appartement, où l'on m'avait préparé un fauteuil. Je restai seul avec les deux passadors.

J'avais pris, pour interprète, un jeune nègre dont le capitaine Desrud faisait, dans ses voyages, un garçon de comptoir. Nous le nommions Cupidon, à cause de son intelligence et de sa jolie figure : il comprenait le français et le parlait assez bien. Je l'emmenai chez le roi. Je savais un peu la langue beninienne ; mais je pensai qu'il y aurait peut-être pour moi quelque danger à m'exprimer dans cet idiome devant sa majesté. J'attendis près d'une demi-heure la présence du monarque. Il parut accompagné de deux noirs entièrement nus, âgés d'environ vingt ans et armés d'un damas. Ils firent signe aux deux passadors de se retirer.

Le roi, enveloppé de riches mousselines blanches des Indes, m'envoya dire par Cupidon de m'approcher, en lui ordonnant de rapporter bien fidèlement tout ce que je desirais. Cupidou alors se jette, étendu sur le ventre, aux pieds de son maître, levant à peine la tête pour le regarder, et mettant horizontalement la main un peu au-dessus de sa bouche, comme dans l'appréhension que son souffle n'atteignît le visage royal. Après que le nègre lui eut déclaré ses voyages avec Desrud, et comment il me connaissait, le roi m'exprima son contentement de voir des Français dans ses Etats; il dit que non-seulement il avait l'intention de les protéger de tout son pouvoir, mais qu'il voulait encore leur faire sentir la préférence qu'il se proposait de leur accorder sur les autres nations. Ayant desiré savoir le motif de mes démarches dans son royaume.: « Mon vœu, lui » dis-je, est d'y former un établissement » de commerce également avantageux à la » France et au Benin. J'élèverai, pour le » protéger, un fort à l'entrée de la rivière. » Jamais le royaume ne sera privé de mar- » chandises de toutes qualités. Le bâti-

» ment armé que je commande appartient
» au roi de France, un des plus grands po-
» tentats de l'Europe, et m'est confié par
» une compagnie aussi riche que puissante,
» et protégée par ce monarque. Mais le com-
» merce, dont j'ai présentement l'idée, ne
» pourra se fonder que dans un autre
» temps, parce qu'il est à craindre que la
» France n'entre bientôt en guerre avec les
» Anglais. »

Au nom d'Anglais, il me dit : « Ce sont des
» gens bien méchants!... Demain, j'assem-
» blerai mon conseil et tu recevras ma ré-
» ponse. Il faut aller te reposer. » Je me levai.
Cupidon lui apprit aussitôt que les armateurs
de mon vaisseau m'avaient chargé d'offrir à
sa majesté quatre pièces de Perse, un pareil
nombre de mouchoirs des Indes, deux col-
liers de corail, une robe de satin blanc à
fleur d'or et d'argent, avec une paire de san-
dales de même étoffe, ces deux objets sortant
de la garde-robe de Louis XV. Le tout était

évalué à cent louis. Dès que le roi vit la robe, il demeura comme en extase, et s'écria quelques secondes après : « Les blancs sont » des dieux pour le génie et le travail ! » Je reçus de sa part de nombreux remercîments ; ensuite il me fit reconduire dans mon logement. A la pointe du jour, il m'envoya des provisions qui auraient suffi à la nourriture de plus de cent hommes.

Ce monarque, d'une belle physionomie où régnait la franchise, quoiqu'âgé d'environ soixante-cinq ans, n'avait pas une seule ride au visage. Sa taille, de cinq pieds six pouces, était droite et remplie de dignité. Ses yeux brillaient d'un vif éclat ; il parlait avec feu. Ses cheveux, qui commençaient à grisonner, étaient relevés à la grecque. De fines étoffes, d'une extrême blancheur, lui entouraient les reins d'une façon très-élégante et descendaient jusqu'aux genoux. Il ne portait point de chemise sous ce vêtement. C'est au surplus le costume général des hommes et des femmes sur les côtes d'Afrique. Au Sénégal et sur les rivages de Juda, on se sert de guinées bleues au lieu de mousselines blanches*.

Je passai dix jours dans la ville, et durant les trois premiers, j'allai voir chez eux vingt grands seigneurs composant le conseil du commerce. J'étais dans mon hamac, toujours escorté par trente hommes qui, à chaque visite, déchargeaient leurs fusils. Le cérémonial et les questions étaient uniformes: on me faisait asseoir en demandant si je n'avais pas couru quelques dangers à l'entrée de la rivière, quand il me fallut franchir la barre de sable. On me servait des ignames et des poules. Lorsque j'étais rentré, je recevais

---

* Comme le blanc domine au Bénin, on s'y défait avec avantage des bafetas, casses, calicots, toiles de Bretagne étroites, toiles de Rouen, de Cholet, etc.

On y vend aussi avec le même profit le fer en barre, les fusils, sabres, pistolets, poudres à feu, pierres à fusils, les eaux-de-vie, tabacs à fumer, la quincaillerie, les couteaux flamands, ciseaux, rasoirs, miroirs, chapeaux, etc.

de chacun de ces personnages deux beaux moutons et six poules en vie; c'était en retour d'un chapeau bordé d'or et d'une pièce de mouchoirs de Cholet, que je leur avais laissés.

Toutes ces visites, qui m'avaient étrangement fatigué, ayant pris fin, un passador vint à moi le soir ou plutôt la nuit*, de la part du roi, pour me prévenir que le lendemain une fête serait célébrée à l'occasion de l'arrivée des Français dans son pays; que je verrais son conseil assemblé, et que je connaîtrais le résultat de la délibération dont mon établissement formait le sujet. Je me rendis chez le monarque avec mon lieutenant, qui n'avait pu me suivre dans mes visites à cause d'une indisposition ; mais, malgré sa fièvre, il voulut assister au conseil et voir la fête.

Deux passadors nous accompagnèrent, et

---

* Il n'y a point de crépuscule au Benin. Aussitôt que le soleil est couché l'on reste dans les ténèbres.

nous firent traverser trois cours spacieuses qu'entouraient des murs de terre, élevés d'environ seize pieds. Il y avait dans l'intérieur, en ligne parallèle aux murs, une galerie de quinze pieds de large couverte en natanier *. Cette couverture était soutenue par de grosses pièces de bois en façon de pilastres. Placées debout dans un éloignement

---

* Espèce de jonc d'environ trois pouces de tour, haut de vingt-cinq à trente pieds : ses feuilles, dans la forme d'une lame de sabre, n'ont pas moins de quatre ou cinq pieds de large. On ne voit jamais au natanier que deux rangs de feuilles, un seul de chaque côté, depuis le pied jusqu'au sommet : elles se touchent et sont par conséquent assez nombreuses. La couverture d'un édifice se fait avec le jonc que l'on croise ; et ses feuilles, qui n'en sont point séparées, se posent les unes sur les autres dans une épaisseur de dix-huit pouces. Ces toits ont beaucoup de pente, sont remplis de solidité, durent dix ans sans réparation. Le palais du roi n'a point d'autre couverture. Je crois que le natanier est une plante particulière au Benin, et peut-être aux lieux voisins : du moins je n'en ai jamais rencontré dans aucune autre partie du monde.

respectif de dix-huit pieds, elles recevaient un grand madrier horizontal sur lequel portaient des soliveaux tombant obliquement, afin de soutenir le toit qui était d'un travail ingénieux. Par ce moyen, l'on pouvait se promener autour des cours sans être incommodé du soleil ou de la pluie.

Lorsque nous eûmes dépassé les trois cours, on nous fit entrer et asseoir dans une grande salle. Au bout de vingt minutes, quatre phidors vinrent nous prendre et nous conduire à la salle du conseil, qui n'a pas moins de soixante pieds de long. Nous y vîmes le roi tout au fond, assis sur un fauteuil élevé de trois degrés. Il était couvert d'une très-belle pagne blanche : deux nègres, ainsi que je l'ai déjà remarqué, de l'âge d'environ vingt ans, sans aucune sorte de vêtement sur le corps, se tenaient à ses côtés ; ils avaient dans la main droite un damas, la pointe haute. Soixante vieillards de soixante à soixante-dix ans, que l'on appelle *hommes grands*, superbement vêtus de pagnes, environnaient leur maître. Chacun portait au cou deux rangs de corail fort gros, autant à chaque jambe au-dessus de la cheville du pied et autant à chaque poignet : c'est la marque distinctive de la première dignité de l'Etat. Les phidors et les passadors ne peuvent porter sur tout le corps qu'un seul rang ou plutôt un collier, encore leur faut-il l'autorisation du roi, car les dignités ne sont pas héréditaires.

Ce nombre de vieillards se divise en trois sections: vingt ont la surveillance des recettes et des dépenses, sous le nom de conseil du ministre des finances ; vingt autres composant celui du ministre de la guerre, s'occupent de tout ce qui concerne la guerre ou la paix; et les vingt derniers ont le commerce dans leurs attributions. Le roi assemblait extraordinairement les trois conseils, parce que ma demande lui avait paru d'une extrême importance pour la prospérité de ses sujets.

Il résulta de la délibération qu'il me serait

accordé gratuitement et à mon choix autant
de terrain que je le souhaiterais pour élever
un fort sur le bord de la rivière, dans le village de Gathon. Cette concession ne pouvait
s'étendre à l'entrée du fleuve Formose, en ce
que les terres situées sur ses deux rives appartiennent au souverain d'Owhère, indépen-
dant de celui du Benin. Si l'offre était de mon
gré, disait le conseil, on allait expédier l'ordre
aux phidors de Gathon de me laisser une
pleine liberté d'accomplir en cela ma volonté.
J'acceptai la proposition avec beaucoup de
reconnaissance.

En sortant de la chambre du conseil, j'allai
directement à mon logement, attendu que
la fête ne devait commencer que vers cinq
heures du soir. La fièvre de mon officier,
prenant un certain caractère d'intensité, me
causa de vives alarmes ; il ne put assister à
la cérémonie avec moi comme il en avait manifesté l'envie : je m'y rendis seul au moment
indiqué. Je vis dans une cour immense au
moins dix mille nègres des deux sexes et de

tout âge : au milieu d'eux, douze énormes tambours de sept pieds de long, fabriqués avec des bambous creux et recouverts d'une peau de chèvre aux extrémités, retentissaient sourdement sous les coups des hommes qui les portaient en les frappant d'un petit bâton. Ces sons lugubres se mariaient aux accords d'une douzaine d'autres noirs, dont les uns soufflaient comme des enragés dans des dents d'éléphants, percées de distance en distance à l'instar de nos serpents d'église, et dont les autres ne ménageaient pas mieux leurs poumons dans des cornets à bouquin. Non, qu'il me soit permis de le dire, jamais harmonie d'un pareil charivari ne saurait arriver à l'esprit par la voie de l'expression ; il faut avoir entendu, ainsi que moi, tout ce que la discordance des sons les plus aigres peut produire, pour connaître à fond l'effet prodigieux de l'académie royale de musique du Benin.

Pendant ce concert, le roi était assis sous une tente, entouré des grands, et d'une foule de courtisans comme il s'en rencontre sur tous les points du globe(1). J'étais assez près de sa majesté, dont les yeux se tournaient de temps en temps vers moi pour observer le plaisir que je devais goûter à ce brillant spectacle, composé d'un grand nombre de danses fort lascives. Il me fit demander par Cupidon comment je trouvais la fête; je lui répondis sans mentir que je n'avais rien vu de pareil. « Attends, me dit Cupidon, tu vas voir bien autre chose. » A l'instant les musiciens redoublent d'efforts et de vitesse, battant sur les tambours, soufflant dans les cornets, ressoufflant et rebattant avec une force surhumaine, de manière à parvenir au plus infernal tintamare.

« Regarde de ce côté, continue mon jeune » interprète, voici un noir que l'on amène; » on va lui couper la tête en ton honneur. » — « Comment ! dis-je extrêmement étonné;

---

(1) Réflexion du capitaine, qui est rendue avec plus d'énergie dans son manuscrit.

» je ne suis pas venu dans ce pays pour être
» la cause d'un meurtre. » — « C'est Oba *
» qui le veut. » — « Va dire à ton Oba
» d'épargner la vie de cet homme. » —
» Oh, non, non. Si j'allais parler à Oba, il
» me ferait décoller. »

Pendant ce dialogue, la victime s'avançait bâillonnée, les reins couverts d'une fine pagne blanche. On la fit arrêter à cent pas du roi; la musique reprit ses effroyables accords. Deux hommes masqués, revêtus d'une robe touchant la terre, et qui me semblaient sous ce costume avoir près de sept pieds de haut, s'approchèrent du souverain afin de recevoir ses ordres. Au bout de quelques minutes, ils viennent reprendre leur place à côté du patient. L'un tient une grande massue percée à jour dans le haut, où l'on remarque une petite figure sculptée représentant le diable : en l'agitant, un bruit se fait entendre imitant celui du grelot. Il parle au nègre, et lui dit

---

* Le roi.

queLolocou * veut le prendre. L'autre, également-
ment armé d'une massue, se place derrière
le malheureux auquel le premier donne à
baiser la fétiche du démon : c'est le signal de
mort. Frappée à la tête par devant et par
derrière, la victime chancelle; mais elle est
soutenue par les exécuteurs qui l'étendent
à terre, le visage appuyé sur le bord d'un
grand bassin de cuivre : on lui tranche la
tête d'un seul coup de damas, et tout le sang
qui a coulé dans le vase arrose les tombeaux
des rois. Ces sortes de sacrifices ont lieu dans
toutes les fêtes. Je reviendrai sur cet objet
quand, selon l'ordre des matières et du temps,
je m'occuperai des mœurs du Benin.

Je fis conduire à Gathon, avec tous les
présents dont on m'avait honoré, douze gros
moutons et un très-beau bœuf donnés par le
roi. La veille de mon départ, j'allai, toujours
accompagné de Cupidon, prendre congé de
sa majesté. Après que les phidors m'eurent

---

* Le diable.

présenté, tout le monde sortit, hors un des jeunes nègres nus, armé de son damas *. Le roi, me faisant asseoir à ses côtés, commandât que l'on me servit un repas. On apporta des volailles fricassées à l'huile de palme ** avec la quantité de piment ordinaire, des ignames, du vin de palme ***, deux bouteilles de

* Je regrette d'être forcé d'user de répétitions dans les plus minces détails, mais cela me semble indispensable pour être clairement compris du lecteur.

** Désormais j'emploierai le mot *huile* sans désignation.

*** Le palmier d'où le vin se tire est un arbre de cinquante à soixante pieds de haut; il en a trois au plus de circonférence. Sa grosseur est presque la même à la cime qu'au pied; il est à côte. Les nègres, pour recueillir son vin, s'entourent d'un cercle avec des crochets de fer, et montent par ce moyen jusqu'au sommet; ils font une incision dans l'une des côtes où ils attachent une calebasse, qui se trouve remplie le lendemain. Cette liqueur cause des maux de tête si l'on en boit avec un peu d'excès: elle s'aigrit en vingt-quatre heures, et fait d'excellent vinaigre. Le palmier, qui donne le vin, est aussi commun que celui qui fournit lhuile.

vin de Porto rouge, un flacon de vieux rum.
Ses mains royales daignèrent me verser de
cette liqueur dans un verre de cristal éblouis-
sant. Comme je faisais quelques façons, il
me contraignit d'en boire, et se prit à rire
en m'apprenant que le vin lui avait été donné
par un capitaine portugais venant du Brésil,
et que le rum, qui me semblait délicieux,
provenait du présent d'un capitaine anglais,
nommé Chapman, que j'avais vu au Benin
dans mon premier voyage avec Desrud. Cet
anglais commandait alors *le Benin*, très-beau
navire armé à Liverpool.

Après le repas, le roi me prenant la main
m'emmena dans une grande cour où étaient
entassées plus de trois mille dents d'éléphant.
« Choisis, me dit-il, celle qui te fera plaisir. »
J'en pris une très-blanche, fort lisse, pesant
cinquante livres, et la mis à part. Mon choix
le fit sourire; il me promit de l'envoyer à
Gathon. Sa générosité ne se borna pas là.
M'ayant fait passer et asseoir dans une salle, il
voulut me mettre sous les yeux les étoffes fa-

briquées par les femmes beuiniennes. On apporta de beaux tapis de coton ainsi que des pagnes d'herbe très-fines. Le travail des tapis me surprit beaucoup, autant par la beauté de leurs couleurs que par l'égalité de leurs tissus. Ils avaient trois largeurs, chacune d'un tiers, et une longueur de huit pieds. Les tapis d'herbes, d'une couleur nankin, égalant presque la finesse de la soie, étaient composés chacun de quatre bandes d'un tiers de large, sur une longueur de huit à neuf pieds. Le monarque exigea que je fisse encore un choix dans ces produits. Un nègre vint, qui fut chargé de transporter à Gathou les objets que j'avais désignés. Je trouvai tous ces présents fort supérieurs à ceux qu'avait reçus le capitaine Desrud. Le roi recommanda plusieurs fois au nègre de ne rien égarer de ces objets, car il avait aussi la conduite du bœuf et des moutons; puis se tournant de mon côté, il me dit : « Je vais donner des ordres pour ton départ. »

Le matin du jour suivant il m'arriva des

porteurs pour mon hamac et celui du lieutenant, dont la fièvre ardente, maligne et
putride offrait alors peu d'espérance de le
sauver. Ils étaient en même nombre que la
première fois, avec une escorte semblable.
Je leur annonçai que je partirais entre neuf
et dix heures. Je voulus m'acquitter envers
mon hôte, et le remercier des soins infinis
qu'il avait eus pour moi et mon officier malade. Ce bon noir en refusa le prix, en me
disant que le roi, ayant construit un édifice
dans le but de loger et nourrir gratuitement
tous les blancs, Français, Anglais, Portugais qui arrivaient au Benin, il se faisait,
comme hôte, un scrupule de rien recevoir.
Cependant je vins à bout de le déterminer à
l'acceptation d'un cadeau qu'il avait si bien
mérité.

A neuf heures et demie, nous montâmes
dans nos hamacs. Le transport eut lieu avec
une extrême diligence. On fit halte à moitié
chemin de Gathon, dans le village de Gaure
habité par neuf cents noirs. Le phidor qui

le gouverne s'avança pour me recevoir. J'entrai dans son domicile, aussi vaste que bien distribué ; c'était un carré long divisé en plusieurs salles d'une très-grande propreté, fort ingénieusement couvert en natanier comme la galerie dont j'ai fait mention. Ce vénérable vieillard me fit servir une douzaine d'œufs, une fricassée de poulets à l'huile et du vin de palme. Il reçut de moi une pièce de mouchoirs de Cholet avec un chapeau bordé : il m'exprima son contentement par de nombreux remercîments. Je remontai dans mon hamac, et je mis pied à terre à Gathon vers les deux heures et demie. J'y fus complimenté par les trois phidors : l'escorte signala mon arrivée dans une triple décharge de mousqueterie. J'ordonnai une distribution de vingt bouteilles d'eau-de-vie. En congédiant ces hommes, je les invitai à revenir le lendemain. Ils se présentèrent sur les huit heures du matin à la porte de mon comptoir. Chacun d'eux reçut, avec un verre d'eau-de-vie, six couteaux flamands dont la lame était fixe, car les nègres ne veulent point de ceux qui se ferment. Tous portent leurs couteaux dans des gaînes de cuir qu'ils fabriquent. Ils les ont constamment à leur côté pour s'en servir au besoin, avec une adresse admirable, contre les animaux féroces, et les serpents qui sont très-communs, fort grands et quelquefois dangereux.

Le jour qui suivit ma descente à Gathon, il arriva de la ville du Benin deux passadors, dont la mission avait pour objet de m'annoncer que je devais faire une déclaration de toutes les marchandises embarquées sur mon bord, et que, dans deux jours, il viendrait de cette ville quarante phidors, préposés à l'évaluation de chaque pièce et de chaque article; qu'une fois que le prix en serait fixé, je n'aurais plus la faculté de l'augmenter; que cette fixation servirait de base aux droits d'entrée exigés par la coutume, et qui se prélèvent en faveur du roi et des grands de son royaume.

Ces droits sont élevés : un navire à trois

mâts paie plus de quinze mille francs ; un à
deux mâts acquitte les deux tiers de cette
somme ; un à un mât beaucoup moins. Voici
le tarif pour un à trois mâts, avec la qualité des personnages qui le perçoivent en
pagnes, monnaie de deux francs.

Le roi, neuf cents pagnes............... 1,800 fr.
Le capitaine-général des guerres trois
    cents........................... 600
Vingt hommes grands, chacun cent..... 4,000
Quarante phidors, chacun vingt....... 1,600
Six faladors (interprètes), chacun vingt.. 240
Quarante carcadors (espèce de porteurs),
    chacun dix..................... 800
Trois phidors de Gathon . chacun vingt.. 120
Les divers présents s'élèvent à près de.. 6,000

Total......... 15,160 fr.

Les quarante phidors étant arrivés, se réu-
nirent dans mon comptoir et me tinrent ce
langage : « Il faut que tu donnes à chacun
» de nous un verre d'eau-de-vie, une pipe
» et une brasse de tabac. Tandis que nous
» fumerons, tu mettras dans de très-grands

» bassins de cuivre toutes les marchandises
» que tu as apportées sur *la Négresse*. Nous
» en fixerons le prix, dont il te sera tenu
» compte en traite *. Nous te déclarons qu'il
» n'y aura point d'augmentation ** de ta part
» sur les sommes arrêtées par l'assemblée,
» sous peine d'interdiction de ta traite. »

Après avoir étalé mes marchandises pièce à pièce dans les bassins, ils en prirent une de mouchoirs de Cholet qui fut estimée à.................. 12 pagnes.

Puis 1 pièce, mouchoirs de soie de Nîmes 12

½ pièce d'indienne de 7 aunes.......... 7

1 pièce, toile de Bretagne de 5 aunes... 4

1 *idem*, cotonnade de Rouen de 6 aunes. 6

1 *idem*, bafetas blanc de 5 aunes....... 6

1 *idem*, Cholet à robe de 6 aunes....... 6

1 *idem*, soie satin galet *** de Nîmes de
6 aunes................................ 6

1 *idem*, perse des Indes de 5 aunes..... 10

1 role de tabac à fumer du Brésil pesant
80 livres............................. 20

---

* Des noirs.

** J'avais le même droit sur le prix des nègres que j'établissais.

*** Moitié soie, moitié fil.

½ role *idem*, 40 livres.................... 10 pagnes.

1 bassin de cuivre jaune de 3 pieds de

    diamètre........................... 7

1 *idem*, de 2 pieds.................... 4

1 fusil de munition de réforme......... 7

1 pistolet d'arçon de dragon de réforme. 4

1 sabre commun..................... 1

1 baril de poudre de 5 livres.......... 5

1 sac de plomb à giboyer d'une livre.... 1

100 pierres à fusil.................... 1

6 couteaux flamands peints en bois de

    gaïac............................. 2

1 étui renfermant une paire de ciseaux,

    et un rasoir avec une petite pierre ardoise. 1

1 chapeau commun bordé de laine rouge. 1

1 baril d'eau-de-vie de 20 pintes 8

1 cave *idem*, de 12 flacons d'une pinte et

    demie chaque...................... 8

1 barre de fer de 7 pieds de long sur 3

    pouces de large.................... 3

1 collier de corail de 40 fr. la livre..... 8

1 *idem*, rond, grain de chapelet de 60 fr.

    la livre........................... 8

1 *idem*, de petit corail contenant 12 petites

    filières * 5

____

* Ce sont des grains enfilés d'une certaine longueur.

Lorsqu'on eut terminé les estimations, on tira plusieurs coups de fusil à la porte de mon comptoir afin d'annoncer que la traite m'était ouverte. Ensuite un homme et une femme furent amenés. Les phidors réglèrent à cent vingt pagnes la valeur de l'homme, qui était bien fait et sans défaut, et à cent pagnes celle de la femme. Je me récriai sur cette évaluation. Après d'assez longs débats, on convint que je payerais un bel homme cent pagnes, une belle femme quatre-vingt-dix. J'achetai les deux premiers individus à ce prix, qui fut converti en un assortiment de diverses marchandises, selon l'estimation que je sors de détailler.

La traite devint abondante : quinze à dix-huit hommes passaient journellement sur mon bord ; de telle manière qu'en trois mois je complétai ma cargaison, qui comprenait quatre cent dix noirs des deux sexes, et soixante milliers d'ivoire de diverse grandeur et grosseur. Je payais dix sous la livre d'ivoire quand les dents pesaient moins de vingt livres, et quinze ou vingt sous lorsqu'elles dépassaient ce poids : c'était, comme on le voit, un bénéfice immense pour la compagnie.

La Négresse pouvait contenir aisément cinq à six cents nègres, mais j'appréhendais les maladies qu'aurait inévitablement causées un si grand nombre d'hommes, entassés dans les ponts. Je remportai beaucoup de marchandises, dont je ne jugeai point à propos de faire l'échange par la raison que j'indique. Je préparai mon départ.

En descendant la rivière, j'espérais sortir avant le retour de la mauvaise saison qui, d'ordinaire, se fait sentir à la fin de mai ou dans les premiers jours de juin. Dès le 15 mai j'étais près de la barre : je mis à la voile, et contre toute attente j'observai que les vents au large régnaient dans le sud-ouest. Je n'eus d'autre parti à prendre que de louvoyer sur les barres : j'échouai à l'une des premières. Les eaux basses ne me donnèrent que neuf pieds d'eau, et le bâtiment en tirait

dix. La mer étant heureusement assez belle,
il fut remis à flot à la marée haute. Je
rentrai dans la rivière, et vins mouiller par
quinze pieds d'eau. Le jour suivant, je ten-
tai une nouvelle sortie en appareillant avec
toutes les voiles dehors. Je me croyais en sûreté, quand tout-à-coup le navire échoue derechef sur le sommet de la seconde barre. Je
me vis exposé au plus imminent danger, car
le vaisseau éprouvait de si fortes secousses
qu'à chacune d'elles je le croyais ouvert : aussi
le naufrage me semblait inévitable.

J'eus encore une fois le bonheur d'être favorisé par le flux qui releva le bâtiment
pour le rendre au fleuve. Voyant le lendemain les vents fixés au large dans le sud et
sud-ouest, il fallut bien me décider à remonter la rivière jusqu'à la rade de Régio,
pour y attendre le retour de la belle saison
qui ne devait guère arriver qu'au mois de
novembre. J'étais plongé dans les plus vives
inquiétudes, ayant à bord tant de nègres, et
les fièvres malignes et putrides m'ayant en-

levé un tiers des officiers et des matelots, comme il arrive lorsque les Européens séjournent quelques mois dans cet ardent climat *.

Le roi d'Owhère, apprenant que je n'avais pu franchir la barre, dépêcha son capitaine des guerres, nommé Okro, qui vint à mon bord me prévenir que son maître me fournirait, durant mon séjour, tous les vivres dont j'aurais besoin. Je priai cet honnête homme d'accepter, comme un faible gage de ma reconnaissance dans un si grand embarras, deux pièces de mouchoirs de Cholet. Je le

---

* Dans un voyage fait avec Desrud, sur cinquante hommes, on en perdit quarante-trois. De tous ceux que j'ai emmenés depuis sur *le Pérou*, au nombre de cent quarante, trois ont survécu : je suis de ce nombre ; et ce qui paraît assurément digne de remarque, c'est que nous sommes encore tous les trois existants. Les deux autres se nomment Pouponneau et Tondu ; ils sont domiciliés aux environs de Charente, département de la Charente, à peu de distance de Rochefort.

chargeai en même temps de remettre au roi
un manteau d'écarlate avec un chapeau bordé
d'or. Il y avait à peine cinq jours d'écoulés
depuis ce moment, qu'il m'arriva deux pirogues chargées de dix mille ignames. Je les
achetai avec le plus vif plaisir, afin de continuer la nourriture de mes nègres qui en
consommaient journellement deux cents. Le
souverain eut encore l'attention de m'expédier un bœuf et six moutons : il me fit dire,
par le capitaine qui reçut de moi un nouveau cadeau, que j'étais en droit de compter
sur cent milliers d'ignames, sur des figues,
bananes, cocos, poules, moutons, dans la
quantité qui pourrait former l'objet de mes
desirs; que si le paiement m'offrait quelque
gêne, il m'avancerait mille pièces de diverses
marchandises. Je ne revenais pas, en vérité,
de mon étonnement d'un procédé si généreux chez un peuple que l'on qualifie en
Europe si faussement de sauvage. Je sup-
pliai encore une fois le capitaine Okro de
rapporter à son maître que j'aurais recours à

ses offres magnifiques, si le sort m'entraînait dans la détresse.

Le capitaine avant de quitter mon bord
me dit : « Pour te prouver jusqu'à quel point
» le roi d'Owhère aime les Français, il m'a
» chargé de te demander un pavillon, qui
» sera porté par une de ses pirogues ; tu la
» reconnaîtras à ce signe, et tu lui feras l'ac-
» cueil qu'exige l'amitié. » Je mis beaucoup
d'empressement à souscrire au vœu royal,
en observant que, si mes occupations le
souffraient, j'irais remercier le monarque de
tous les témoignages d'intérêt donnés dans
ma personne à la nation française ; qu'au
contraire, si les circonstances présentes apportaient quelque obstacle à mes souhaits,
rien au monde ne me ferait manquer l'occasion . à mon prochain voyage, de remplir un
devoir aussi sacré en lui présentant particulièrement mes hommages; et que je profi-
terais de ses heureuses dispositions, en vue
de commencer, étendre, fortifier un établis-

sement commercial dans son royaume et celui de Benin.

Okro renouvela ses offres de la plus sincère amitié. De suite il arbora le pavillon sur sa pirogue, que montaient cinquante hommes armés d'un fusil et d'un sabre; elle avait en outre à bord douze pierriers posés sur pivot. Quand elle fut un peu éloignée de mon bâtiment, la pirogue s'arrêta pour saluer le pavillon français d'une décharge de mousqueterie; puis, à force de pagaie, les noirs revinrent auprès du vaisseau dont ils firent trois fois le tour en poussant mille cris de joie. Comme les canons de mon bord restaient toujours chargés à mitraille, de peur d'être surpris la nuit par une nation belliqueuse et errante, vivant en nomade sans reconnaître la souveraineté d'aucun roi *, je fis ôter promptement des canons les boîtes de mitraille durant le cérémonial de la pi-

---

* On la nomme Jo.

rogue, et l'on tira par mes ordres onze coups, afin de rendre le salut dont le capi-taine Okro venait d'honorer le pavillon du roi de France. La pirogue se dirigea ensuite vers la rivière d'Owhère, où elle entra.

Six jours après le départ d'Okro nous eûmes connaissance, à la pointe du jour, de cinq grandes pirogues portant chacune divers pavillons, l'un bleu, l'autre rouge et un autre de toutes couleurs. Elles avaient ensemble plus de deux cents hommes. Je n'avais pas vu dans mes précédents voyages un armement en pirogues aussi formidable. J'entrai dans quelque défiance de leurs des-seins. Cependant je vins à penser que s'ils avaient eu des projets hostiles, ils auraient plutôt choisi la nuit que le jour pour m'at-taquer. Voulant avoir un éclaircissement po-sitif sur leur conduite, je leur fis tirer un coup de canon à boulet, en avant des piro-gues. Le boulet, faisant un ricochet, va frap-per des arbres dont il casse les branches.

Aussitôt une très-grande pirogue se détache des autres; elle portait avec le pavillon de toutes couleurs plus de cent hommes bien armés de sabres et de fusils; quelques-uns avaient des pistolets. Elle était munie en outre de vingt pierriers montés sur pivot, et par devant se trouvait un jeu d'orgues (1) en cuivre armé de sept petits canons, en forme d'espingolle, que j'apercevais pour la première fois.

Celui qui la commandait s'étant approché de mon bord, y monte avec un de ses officiers. Je lui dis par l'organe de Cupidon que je ne souffrirais point qu'il entrât plus de six hommes dans le vaisseau. Je désirai savoir son nom; il me déclara qu'on l'appelait vulgairement *Bélé-Bélé*, ce qui signifie

---

(1) Terme d'arquebusiers. On appelle ainsi plusieurs canons de fusil ou d'espingolle que l'on monte à côté les uns des autres sur un même fût, et qui tirent tous ensemble quand on y met le feu. On se sert rarement de cette arme.

bossu par devant et par derrière*, mais qu'il portait véritablement le nom d'*Oueffo*; qu'il était chef d'une grande famille Jo, et toujours armé en guerre; qu'il avait appris des Beniniens que j'étais Français et protégé par leur roi; qu'il venait dans l'unique dessein de contracter amitié avec moi, en m'assurant que mes chaloupes et mes canots n'éprouveraient aucune insulte dans la rivière, non seulement de la part des siens, mais de nulle autre nation. Je remerciai beaucoup M. Bélé-Bélé. C'était un polichinel de quarante-cinq à cinquante ans, de la taille de cinq pieds un ou deux pouces, très-fort malgré ses jambes grêles, ayant les yeux étincelants, avec un visage plus noir que l'ébène de son pays, mais qui n'offrait rien de désagréable dans le contour. Il avait la réputation d'un grand guerrier; sa bravoure était à toute épreuve; ses subordonnés avaient un si grand respect pour sa personne qu'ils ne lui par-

---

* C'est le seul nègre difforme que j'aie jamais rencontré.

laient jamais qu'un genou en terre, et ne se relevaient que lorsqu'il l'ordonnait. Ceux qui l'accompagnaient avaient tous sur le corps une pagne bleue, sur la tête une sorte de calotte de peau de tigre, et un couteau flamand à gaîne au côté.

J'offris à Oueffo une pièce de mouchoirs et une d'indienne avec deux barils d'eau-de-vie. En descendant du navire, il m'assura de nouveau que je pouvais reposer tranquillement sur la foi de ses promesses, et que jamais nul Jo ne serait assez audacieux pour m'inspirer la moindre crainte. J'ai appris par la suite que ce commandant était un brigand de la rivière, qui avait enlevé plusieurs navires anglais, dont un notamment parce que le capitaine s'était emporté jusqu'à le frapper. Oueffo jura dans sa fureur, sur sa fétiche, qu'il saurait bien un jour se venger de cet affront. Il tint parole; ayant trouvé le moyen d'exciter à la révolte, en leur promettant la liberté, les noirs embarqués à bord de l'Anglais, il s'empara du navire, en massacra tout l'équipage, vola le chargement, mit le feu aux objets qu'il ne put emporter, vendit, au mépris de ses promesses, les noirs dans le Calbard (1). J'ai vu la carcasse de ce bâtiment enfouie dans les vases. On me fit frémir par le récit des actions infâmes et des cruautés dont ce peuple Jo s'était rendu coupable en mille occasions. Cela m'avertit de prendre les plus grandes précautions que m'imposait ma sûreté, surtout dans un moment où les maladies exerçaient leur empire sur mon équipage.

En conséquence les noirs des pirogues furent prévenus de s'éloigner de mon bord la nuit, à la suite du coup de canon que je ferais tirer tous les jours au soleil levant et à son coucher ; leur déclarant que je me verrais contraint par la nécessité de couler bas les pirogues qui rôderaient autour de mon bâtiment dans les ténèbres. Cet avis produisit un heureux effet, car pas une ne vint nuitamment près de moi tandis que je demeurai sur cette rade.

____

(1) Ou Calbary ; pays, rivière et village d'Afrique au royaume de Bénin.

Les provisions m'arrivaient en abondance;
c'étaient des poissons frais, salés, des ignames,
bananes, cocos, bœufs, moutons, cabris,
cochons, marrons boucanés, chevreuils,
poules, pigeons, perdrix, pintades sauvages,
œufs, etc. Je ne redoutais plus la disette.
Je faisais distribuer par jour à chaque matelot trois quarts de bouteille de vin de Bordeaux, avec un verre d'eau-de-vie tous les
matins. On m'apportait aussi deux ou trois
fois la semaine une prodigieuse quantité
d'oranges, de citrons et d'ananas. Le jus
exprimé des citrons coulait dans les futailles d'eau. C'est un excellent antipu-
tride aux climats chauds, particulièrement
dans ces contrées, dont le terrain plat et
marécageux est couvert d'épaisses forêts où
les arbres sont d'une hauteur prodigieuse.
Les pluies y tombent par torrents aux mois
de juin, juillet, août et septembre *; elles
ne cessent qu'en octobre ou novembre,

---

* Durant ce déluge, le thermomètre ne descend pas
au-dessous de quarante degrés.

époque où revient la belle saison, qui est aussi celle où l'on peut sortir du fleuve dans un grand bâtiment. On doit dire avec vérité que pendant ce tiers de l'année tout le pays, à plus de cent lieues, reste sous l'eau. Les courants deviennent alors si forts qu'ils parcourent trois lieues à l'heure et se font sentir, je le répète, à dix lieues en mer.

Durant le temps que j'ai passé dans ces parages, j'ai voulu connaître les diverses rivières qui se confondent dans celles du Benin. Il s'en trouve un grand nombre dont je ne saurais offrir la nomenclature. Toutes celles qui ont fait la matière de mes remarques sont larges, très-profondes, et bien boisées sur les rives. On n'y voit ni rocher ni banc de sable. On peut estimer que le fond n'a pas moins de quinze ou vingt brasses. Un bâtiment peut fréquenter leurs bords sans risque, car ils ont également un fond de six brasses; le navire doit seulement se défendre d'accrocher ses vergues aux branches des grands arbres qui garnissent les deux côtés. Elles fournissent abondamment d'excellent poisson, mais nourrissent aussi beaucoup de serpents et de caïmans, ce qui rend fort périlleux l'usage du bain.

Le caïman est une espèce de crocodile, ou, si l'on veut, un énorme lézard amphibie, couvert de si dures écailles que les balles de fusil s'y aplatissent. J'en ai vu de toutes grandeurs, depuis trois pieds jusqu'à vingt-sept; ces derniers en avaient neuf ou dix de circonférence. Il est fort commun dans la rivière du Benin, où tous les jours nous en observions plusieurs, quelquefois une douzaine, ainsi que dans celles qui sont voisines de là, formant un très-grand archipel dont les îles inhabitées et couvertes de bois touffus servent de retraite aux tigres, aux léopards, aux serpents de diverses grosseurs, et aux singes de toute espèce.

Il est ovipare, et dépose ses œufs au bord des fleuves sur des bancs de sable, exposés à la plus vive ardeur du soleil qui les fait éclore. Ils sont ordinairement gros comme des œufs de dinde et longs de six pouces, un peu gris, bons à manger dans leur fraîcheur; j'en ai goûté; ils sont très-clairs et presque sans jaune. Je ne sais pas exactement le nombre que pondent ces animaux; mais j'ai reconnu par l'observation que toute leur ponte ne se fait point dans le même endroit : ils la divisent par des espaces d'environ cent toises. Ce qui m'a mis sur la voie de cette découverte, c'est une sorte de vautour venant gratter le sable et piquer les œufs. Je tirai cet oiseau d'assez près pour ne le point manquer; mais, soit que le plomb fût trop petit ou qu'il glissât sur les plumes, l'oiseau prit sa volée sans blessure. Arrivé sur le lieu même où je l'avais ajusté, je trouvai une douzaine d'œufs; j'en pris quatre qui furent portés à bord. Les nègres manifestèrent une grande envie d'en manger. On les fit cuire dans l'eau bouillante comme des œufs à la coque; ils durcirent. La coque étant cassée, l'intérieur parut tout blanc et non moins dur que les œufs de poule. Les

noirs les dévorèrent ; ils m'en donnèrent une
part que j'avalai sans dégoût.

Quinze jours après, il me vint une pirogue
montée par des nègres qui m'offrirent un
caïman vivant avec vingt de ses œufs. J'a-
chetai le tout pour les noirs de mon vaisseau,
qui en étaient avides au-delà de toute expression. Je demeurai assez étonné de voir ce
monstre bâillonné, muselé, ses pattes amarrées sur le dos. Il avait huit pieds de long
de la tête à l'anus, et près de trois de diamètre. L'ouverture de sa gueule excédait
deux pieds ; elle était armée d'une énorme
quantité de dents noires, croisées, fort poin-
tues et longues d'environ deux pouces. Les
nègres l'avaient pris dans un piège comme ils
en usent envers les autres animaux, même les
tigres. Ce piège est un arbre d'au moins trois
pieds de tour qu'ils plient * jusqu'à douze ou
quinze pouces de terre ; on y attache au bout
une courroie en forme de cercle avec un

---

* Ces arbres sont excessivement flexibles.

nœud coulant ; l'extrémité de l'arbre est arrêtée par une détente dont le mouvement
cède au plus léger toucher. Dès qu'une bête
passe dans le cercle, la détente part, l'arbre
se relève avec la force et la rapidité qu'on
peut imaginer, et la prise est suspendue
en l'air soit par le cou , soit par toute
autre partie du corps : on l'ôte vivante du
piège chaque fois qu'il ne l'a pas saisie au
cou.

Nous fîmes cuire le caïman et les œufs ;
les nègres le trouvèrent extrêmement délicat,
et tout autant que le serait pour nous le
meilleur saumon : sa chair était aussi blanche
que celle de poulet; j'en avalai quelques
morceaux qui, sans une odeur de musc,
m'auraient semblé d'assez bon goût.

Le caïman est le plus vorace de tous les
animaux de ces fleuves ; il se nourrit également-
ment de poisson et de chair humaine. Si
l'on jette un cadavre à l'eau, il s'en empare;
si un autre corps est enseveli sur les bords de

la rivière, il le déterre avec ses pattes * et ses longues griffes, et l'avale. Pour surprendre le poisson, il contrefait le mort à la surface des eaux, s'abandonne au courant, et dès qu'il l'aperçoit, sa large gueule en fait sa proie. Quand il est sur terre, se cachant dans les broussailles, il guette au passage les singes, les loutres, les chevreuils, etc.; met une patience incroyable à les attendre, et les saisit, de sa place, avec beaucoup d'adresse. Un homme poursuivi à terre par cet animal peut aisément l'éviter, en courant alternativement de droite à gauche et de gauche à droite, car le caïman, comme le crocodile, va toujours en ligne droite: sa structure s'oppose au mouvement circulaire un peu rapide.

Un jour, mon chien donna l'éveil à un petit caïman qui n'avait pas trois ans : comme il était tout près de moi, je n'eus que

---

* Elles ressemblent à celles d'un basset à jambes torses. Un gros caïman avale un homme entier; les petits le coupent en deux.

le temps d'ouvrir largement les jambes pour
le laisser passer, en ce qu'un arbre de chaque
côté m'empêchait de fuir. Une autre fois, un
chien de forte race que je nommais *Trompette* me devançait; il portait un collier garni
de longs clous pointus. Je sortais d'indiquer
aux matelots descendus de *la Négresse* à terre
le bois que l'on devait couper. Apercevant
un gros arbre tombé sur le bord du fleuve,
je fis diriger le canot de ce côté par le patron
pour avoir un embarquement plus aisé. Je
passe sur l'arbre; un matelot me donne la
main en entrant dans le canot. Mon chien
veut me suivre, mais il est aussitôt happé
par un énorme caïman embusqué, qui
plonge vite dans le fleuve avec sa proie. Le
chien ne poussa qu'un petit cri sourd et
plaintif, exactement semblable à la moitié de
celui du coucou. Les hommes du canot ainsi
que moi nous tombâmes tous dans une telle
stupeur que le remède le plus laxatif opère
des effets moins prompts. Trompette avec
son collier n'a point reparu.

10.

Les noirs m'apportaient souvent de ces animaux vivants, pris au piège. J'ai vu plusieurs fois deux nègres affronter la mort à la poursuite des plus gros. Quand l'animal se laisse aller au courant, ceux-ci le suivent avec une pirogue fort légère : l'un des deux ayant à la bouche un bâillon et une courroie s'élance à cheval sur le monstre, qui souvent plonge et entraîne l'assaillant au fond de l'eau ; mais il n'y peut rester que quelques moments. Le nègre lui met le bâillon dans la gueule, et l'emmusèle à l'aide de sa courroie : on l'attache à la pirogue, et on l'amène à terre s'il est prodigieux.

Mon second, M. Danikan (1), de Rennes, entrant un jour dans ma chambre, et regardant par la fenêtre, s'écrie : « Capitaine ! « voici un monstre au gouvernail. » Je tourne soudain la tête et crois voir un hippopotame. Danikan s'empare d'un fusil char-

______

(1) La ressemblance de ce nom à celui du phidor Danikan est remarquable.

gé à balle * qu'il tire à bout portant sur le caïman, car c'en était un, et l'atteint à l'orbite de l'œil. Le monstre, furieux de sa blessure, s'élève en bondissant à la surface de l'eau. Neuf nègres, qui transportaient dans une pirogue des ignames à mon vaisseau, fondirent dessus et lui lancèrent leurs sagaies sous le ventre, qui est la partie la plus tendre aux coups, bien qu'elle soit revêtue d'écailles. Après l'avoir tué, ils le traînèrent à bord de *la Charmante-Louise* que je commandais alors. On eut recours aux palans (1) pour l'embarquer. Nous le mesurâmes sur le pont; il avait vingt-un pieds de la tête à l'anus, et sa queue était longue de six; ce qui donne vingt-sept pieds d'une extrémité du corps à

---

* J'en avais toujours une vingtaine chargés dans ma chambre.

(1) Assemblage de deux poulies à un ou plusieurs rouets chacune, avec leur cordage ou garant, servant à former une puissance, soit dans certaines parties de la manœuvre d'un vaisseau, soit pour enlever les fardeaux.

l'autre : sa circonférence était de neuf ; la longueur et la largeur de la gueule étaien[t] les mêmes, chacune de sept pieds. J'ai constamment observé que la longueur de la tête d'un caïman est le tiers de celle de son corps.

Le chirurgien, plusieurs personnes et moi nous nous mîmes en devoir de le dépouiller au moyen de marteaux et de sabres cassés nous enfonçâmes les lames dans ses écaille[s] avec des peines infinies, après quoi l'on parvint à enlever toutes les chairs. J'étais ravi de posséder une si belle pièce d'histoire naturelle que déjà je destinais au cabinet du roi de France. Tous les dessicatifs dont je pouvais disposer furent mis en usage pour conserver sa peau. On l'étendit soigneusement sur des planches. Elle resta suspendue entre le mât de misaine et le grand mât. Mais huit jours après ces précautions, ayant été attaquée des vers, elle répandit tant d'infection qu'il fallut bien, à mon très-grand regret, me résoudre à la jeter dans la rivière.

Puisqu'il m'est arrivé de consacrer quelques

pages au caïman , je vais profiter de cette occasion pour lier ici plusieurs traits qui ont
rapport à divers autres animaux, tels que les
serpents, les tigres *, les singes et les oiseaux,
afin que l'union de ces passages soit plus in-
time, et donne à mon travail un air de
méthode, malgré la différence des époques
qui commandent la justesse de mes remarques.

Il existe aux deux pays d'Owhère et de
Benin une immense quantité de serpents de
toutes grandeurs, comme de couleurs différentes. Lorsque je fondai mon établissement
à l'embouchure du fleuve de Benin **, le
terrain qui devait le soutenir était couvert
de reptiles ; ils s'introduisaient partout,

---

* Il y a dans le pays des lions et des léopards, mais
je n'en ai point vu. Les éléphants y sont assez communs;
j'en ai rencontré.

** Je suis fâché de redire incessamment ces noms
d'Owhère et de Benin; mais encore une fois je ne saurais me soustraire à cette nécessité que mon sujet
comporte.

même dans les hamacs et les couvertures de l'équipage, mais sans lui causer aucun mal : nous en avons tué dont la longueur dépassait neuf pieds ; leur corps renfermait trois ou quatre volailles, avec autant de perroquets qu'ils enlevaient des cages.

A la suite de grands efforts, long-temps multipliés, nous sommes parvenus à détruire cette espèce de reptiles. On faisait tomber l'un sur l'autre de gros arbres ; on y mettait le feu trois ou quatre jours après, et la flamme consumant jusqu'aux racines des herbes n'épargnait ni les serpents ni leurs œufs. C'est par ce moyen que nous avons converti ces nids de reptiles en une vaste prairie d'environ trois lieues de tour, où les moutons, les cabris, les vaches, les bœufs, les chevaux, etc., ont trouvé depuis une abondante pâture.

Il ne s'écoulait pas de semaine que les nègres ne m'apportassent au fort, en échange d'une bouteille d'eau-de-vie, des serpents d'une couleur merveilleuse et variée, longs

de vingt, vingt-cinq ou trente pieds, et gros
de vingt-quatre à trente pouces. J'ôtais leur
peau que je saupoudrais d'alun ; je l'étendais
et la fixais avec de petits clous sur les planches de la batterie ; et quand elle était parfaitement sèche, je la roulais comme un
ruban.

Les serpents, voisins de mon habitation,
aimaient extrêmement les poules ; lorsqu'ils
se glissaient dans le poulailler, nous en
étions avertis par les cris continuels du coq :
alors, munis d'un fanal et armés de sagaies,
nous faisions la ronde en ce lieu, souvent
long-temps sans rien voir : mais après bien
des recherches nous apercevions, caché dans
les chevrons, le reptile que ses yeux bril-
lants trahissaient. Un coup de lance l'abat-
tait : dès qu'il était tué l'on ne trouvait jamais moins de deux ou trois volailles dans
son corps, et c'était toujours avec un sentiment de surprise que nous voyions un si
petit gosier contenir plusieurs poules. Il les
vomissait tout entières lorsqu'on le frappait ;

mais elles étaient aplaties comme si le cy-
lindre les eût pressées.

Cela me rappelle qu'importuné par les cris
redoublés d'un coq, je voulus en voir la cause.
Accompagné de trois hommes armés, je visite avec soin le poulailler ; l'un d'eux aperçut un serpent long de neuf pieds, et le perça
d'un coup de lance près de l'anus ; il tomba.
Un autre le frappe sur le dos avec le manche
de cette arme. Je lui passe une ficelle au cou
avec un nœud coulant ; on le traîne : je l'attache à l'affût d'un canon dans l'intention
d'enlever sa peau qui me semblait très-belle.
Il ne remuait plus, nous le crûmes tué ; nous
revînmes à nos lits.

Dès que le soleil fut levé, j'allai droit au
serpent ; mais, retrouvant ses forces, il avait
disparu, laissant à sa place trois grosses
poules sorties de son corps dans les efforts
qui avaient relâché le nœud coulant. Nous
vîmes ses traces sur le sable ; elles avaient
huit pouces de large.

Les nègres m'ont dit fréquemment que de

certains reptiles des bois, se couvrant de grandes feuilles sèches pour n'être point découverts, se tenaient aux aguets, et s'emparaient des petits chevreuils et des gazelles qui passaient près d'eux sans défiance. En introduisant l'extrémité de leur queue dans le fondement de l'animal, ils lui serrent violemment la gorge dans leurs replis, et trouvent ainsi le moyen de l'avaler. La nature a doué ces reptiles de la faculté de renvoyer à terre les os, les poils et les peaux qu'ils ne peuvent digérer. J'ai vu dans les forêts de ces matières expulsées de leur estomac, et j'y ai reconnu des peaux de singe.

Un jour, un de mes officiers, nommé Bourgeois, me demanda la permission de chasser dans un bois près de Cathon. Là, il tire et blesse mortellement un chevreuil, qui conserve encore assez de force pour lui échapper. Bourgeois, n'osant le poursuivre, tant à cause des ténèbres que de la peur des bêtes féroces, vint à mon comptoir, et me dit qu'ayant tué un chevreuil, il se proposait de l'apporter le lendemain. Il avait coupé des branches afin de reconnaître l'endroit même où la bête devait succomber. Il s'y rend dans la matinée, s'avance d'une centaine de pas et trouve avec un étonnement inexprimable le fruit de sa chasse dans la gueule d'un si énorme serpent qu'il avait plus de trente pieds de long. Comme le reptile était dans l'impuissance de se remuer en digérant une si grosse bête, Bourgeois eut le temps de revenir au comptoir solliciter le secours de plusieurs nègres qui, s'armant de sabres et de sagaies, le mirent à mort et malheureusement par morceaux : les tronçons dont ils étaient chargés avaient plus de deux pieds de circonférence.

Les serpents qui m'entouraient, à la distance dont j'ai parlé, sortaient des bois ou des hautes herbes, et venaient sur le bord du fleuve, à la basse mer, se nourrir d'oiseaux aquatiques qui s'y voient en grand nombre, et principalement de ceux qu'on nomme *cou-*

peurs d'eau, à cause de la forme de leur bec
semblable à des lames de ciseaux. Parmi tous
ces nombreux serpents, il en est un tout noir,
petit comme les vipères, plus dangereux encore que l'aspic, et redouté à l'excès par les
nègres. Durant mon séjour dans ce canton
je n'en ai vu qu'un seul; ce fut Pouponneau *, tuilier, qui le déposa dans ma chambre : il avait dix-huit pouces de long et la
grosseur d'un tuyau de plume d'oie. Pouponneau était au bois quand le reptile s'é-
lança d'un saule dans sa chemise : le tuilier
l'enveloppa subitement du linge et le rompit en deux sans en avoir été mordu. Les
nègres présents lorsqu'il me le montra féli-
citèrent Pouponneau d'avoir échappé à sa
cruelle dent, car il n'eût guère survécu plus
d'un quart-d'heure à sa blessure. Ils disaient
vrai. J'ai été une fois témoin qu'une négresse
ayant mis sur sa tête un fagot où s'était coulé

---

* C'est celui dont j'ai parlé à la page 131 de ce
volume.

un de ces reptiles, en fut atteinte au front, et
mourut en arrivant à sa case.

D'autres dangers nous menaçaient de ce
côté : c'étaient les tigres. Il y en avait beaucoup de différentes tailles. On les voit, à la
vérité, rarement attaquer les hommes; mais
ils n'épargnent ni chevreuils ni moutons,
ni volailles ni génisses, etc. Jamais ils ne
quittent un lieu qu'ils n'aient complété la
destruction de ces animaux. Cachés dans les
épais taillis ou les mangliers *, quand ceux-ci
passent, ils les saisissent d'un bond à la gorge
et les emportent en courant.

Un soir, un peu avant le déclin du jour,
me promenant avec deux de mes officiers
auprès d'un bois touffu, mon chien, de
grande race, à qui j'avais donné le nom de

---

* C'est un arbrisseau d'un bois fort dur et dont les
branches, retombant en ligne droite à terre, y prennent
racine et s'élèvent de nouveau. On voit, au bord de
la mer, des haies de mangliers qui ont dix lieues de
long.

Cartouche et dont le cou était défendu par
un collier garni de clous comme Trompette qu'avala un caïman, nous suivait à
cinq ou six pas. Tout - à - coup, saisi de
frayeur, sans doute à la vue ou par l'odeur
d'un tigre, il voulut chercher un refuge entre
nos jambes ; mais celui-ci ne lui en laissa
pas le temps, il l'enleva, en nous plongeant
nous-mêmes dans de vives transes. J'appelai
la garde du fort qui était près de ce lieu. On
tira des coups de fusil à l'aventure, et le
tigre prit la fuite. Des fanaux nous mirent
sur ses traces, marquées par les grandes
herbes. A vingt-cinq pas de là, nous retrouvâmes le pauvre Cartouche fortement maltraité, presque sans vie. On l'apporta dans
l'habitation ; il avait de grands trous à la
gorge au-dessous du collier ; tout son corps
était lardé de coups de griffes. Je l'ai soigné
pendant quarante jours avec des plumas-
seaux, de l'onguent de la mer, et des peines
infinies qui ont été couronnées du succès.
Mais tant de soins étaient pris en vain, puis-

que le malheureux Cartouche et un autre chien que j'appelais *Mandrin* furent dévorés dans l'année par ces tigres.

Un autre jour , comme j'allais au village de Bobi , éloigné d'une portée de canon du fort, et que les bois n'étaient pas encore abattus , je suivais tranquillement un sentier assez large. A moitié chemin un tigre soudain s'offre à ma vue ; il s'arrête, se pose sur le derrière en poussant d'affreux rugissements rauques (1). Quoique armé d'un fusil à deux

---

(1) Voici comme Buffon s'exprime à ce sujet : «Le » tigre fait mouvoir la peau de sa face, grince les » dents, frémit, rugit comme fait le lion; mais son » rugissement est différent ; quelques voyageurs l'ont » comparé au cri de certains grands oiseaux. *Tigrides* » *indomitæ rancant, rugiuntque leones (autor Philo-* » *melæ*). Ce mot *rancant* n'a point d'équivalent en » français; ne pourrions-nous pas lui en donner un, et » dire, les tigres *rauquent* et les lions rugissent? car » le son de la voix du tigre est en effet très-rauque. » Le manuscrit de M. Landolphe porte : « .... en » faisant des espèces de hurlements affreux. »

Je crois à peu près concilier l'expression du capitaine

coups, j'avoue que je fus très-effrayé. Je l'ajustai néanmoins sans oser le tirer, certain d'en être dévoré si je le manquais. Je restai quelques secondes dans cette position, lui jetant des regards terribles pour l'effrayer, et tout prêt à tirer si je lui voyais remuer la queue comme les chats; mouvement qui décèle en lui l'envie de s'élancer sur sa proie. Ma contenance lui en imposa sans doute, car il s'enfonça dans le bois. Le passage étant libre je doublai le pas, tournant incessamment la tête afin d'éviter une nouvelle surprise, et j'arrive tout essoufflé chez Animazan, phidor du village. Je lui donne avis de ma rencontre; aussitôt il fait battre le *gongon*, sorte de tambour. En moins d'un quart-d'heure plus de cent noirs sont assemblés avec des armes. Instruits de la cause du gongon, quelques-uns me disent : « Conduis-» nous au lieu où tu as vu le tigre. » Arri-

---

avec celle de Buffon, en écrivant les trois mots qui font la matière de cette note.

vés là, je leur indique de la main la véritable place. L'un deux s'y jette le ventre à terre, flaire l'herbe comme les animaux, et s'écrie en se relevant : *Non taiftant* ; ce qui signifie « tu n'as point menti. »

Les noirs courent à l'instant dans la forêt, se dispersent, se répandent de tous côtés, rencontrent la bête féroce et la tirent. L'animal blessé s'élance avec furie au cou de celui qui l'avait tiré, le perce de ses cruelles dents et l'étrangle. Un second nègre lui lâche à bout portant son coup de fusil vers l'épaule ; le tigre, rendu plus furieux encore par un second coup, se jette sur ce noir, lui cause tant de blessures au cou et sur le reste du corps qu'il en perd la vie. Un troisième, accourant au secours de ses camarades, porte au tigre un coup de sagaie dans le corps et un autre dans la gueule ; mais les redoutables griffes du monstre lui déchirent le bras depuis l'épaule jusqu'au poignet, lui ouvrent les artères, et causent sa mort. Enfin un quatrième l'ayant atteint au cœur, le tigre fit un bond prodigieux et vint expirer aux pieds de son vainqueur, dont le sort fut plus heureux que le courage et le dévouement des autres assaillants.

Le monstre fut transporté à mon comptoir; il pesait quatre-vingts livres; sa peau était criblée de balles et de coups de sagaie. Je l'exposai en dehors à la porte du fort, et tous les passants y déposaient des offrandes pour récompenser la valeur des noirs qui avaient osé le combattre.

Un de ces monstres m'emporta plus tard une génisse de deux ans : je m'en aperçus le lendemain matin. Je suivis ses traces par des sentiers où l'on voyait dans des halliers fort épais des branches d'arbres, plus grosses que le bras, pliées sur son passage. Je trouvai la génisse saignée au cou, car le plus grand régal des tigres est de sucer le sang de leur proie ; un tiers de son corps était dévoré. Je la fis enlever par les nègres qui la mangèrent, après avoir nettoyé tout ce que le tigre avait touché.

Mais ce qui provoque encore plus l'étonnement, c'est le trait suivant. Mon fort, comme je le rapporterai en son lieu, était garni de palissades qui servaient de rempart aux animaux domestiques revenant le soir du pâturage. Elles avaient neuf pieds de haut et se terminaient par des morceaux de fer en façon de lance, de quatre pouces de hauteur, et séparés de trois pouces entre eux. La nuit, les cris sourds des chiens * me réveillent. On se lève; des coups de fusil sont tirés au hasard. On examine la cause de l'effroi des chiens. Un tigre, ayant mis à mort cinq moutons dont il avait bu le sang, surpris par les coups de fusil, venait d'emporter un sixième mouton, en franchissant avec cet animal d'un seul saut la palissade de neuf pieds quatre pouces, sans avoir touché les pointes **.

---

* Les chiens de l'intérieur de l'Afrique n'ont point de voix, ils n'aboient jamais; celle des chiens d'Europe s'affaiblit en ces climats.

** Les moutons du pays ont un poil ras, et sont beaucoup plus gros que les nôtres. La laine de ceux-ci tombe quand ils y demeurent un certain temps.

Que l'on apprécie par ce seul trait la vigueur de ces bêtes féroces !

Les nègres pensent que le foie du tigre est un poison aussi subtil que violent; aussi les chefs d'un village prennent-ils de grandes précautions pour que l'on ne puisse en user. Ils rassemblent tous les hommes; huit sont choisis à la pluralité des voix, qui prêtent serment de ne pas toucher au foie. On ouvre le tigre; son cœur et son foie sont enfermés dans une jarre que l'on enduit de terre glaise; on y met autour un tas de pierres. Les huit hommes montent sur une pirogue, portent la jarre au milieu de la rivière et l'y jettent. A leur retour, ils déclarent aux habitants par un nouveau serment qu'ils n'ont rien détourné de ce que renfermait ce vase.

Quand un ou plusieurs nègres ont mis à mort un tigre, le roi d'Owhère leur envoie le collier de corail, qui est une marque de distinction comme au Benin.

Parmi divers moyens employés par les noirs pour s'emparer des tigres, en voici un dont j'ai connaissance. Animazan vint un matin me demander une pièce de canon de six, dans le but de prendre un de ces animaux. Je la lui prête : ses nègres l'emportent. Il fit creuser un grand trou dans lequel on mit un panier avec un cabri vivant. On plaça dessus une sorte de herse sans dents, inclinée, où était une détente. La pièce de canon y fut amarrée solidement, ainsi que le panier, par un piquet fixé en terre. Le soir même vers les onze heures, le cabri, ayant appelé sa mère par des bêlements continuels, attira un tigre qui sauta sur le panier ; mais comme il voulait l'emporter, la détente partit, la herse lui tomba sur le corps avec la pièce de canon : le tigre avait tant de force qu'il la soulevait ; il se serait infailliblement dégagé du piège si des nègres, postés tout près, ne l'avaient tué à coup de sagaies.

On rencontre aussi dans les environs beaucoup de singes de diverses espèces et des orang-outangs. Il y a de ces derniers

d'une grande taille et d'une telle vigueur,
qu'ils emmènent quelquefois des négresses
dans les bois. Le singe, appelé *singe-lion*,
est digne de remarque par sa face unie, sa
belle crinière et le bout de sa queue, garnie
comme celle du lion; il porte cette queue
très-haut et la fait revenir sur sa tête. J'avais
en ma possession deux de ces singes, qui
sont d'une adresse vraiment surprenante.
Les ayant posés sur une perche haute de
vingt-cinq pieds, à l'extrémité de laquelle
était attaché un baril vide et ouvert par un
bout, je m'amusais souvent avec plusieurs
personnes à leur jeter des citrons par dou-
zaines. Jamais nos coups n'ont pu les atteindre, tandis qu'eux recevant les fruits
nous les renvoyaient à la tête, en faisant des
milliers de grimaces fort plaisantes toutes
les fois que nous étions touchés par les
citrons *.

---

* Ce fruit, bien plus beau que celui de nos climats,
est si abondant et à si bon compte, que l'on m'en

Les oiseaux aquatiques sont aussi fort communs dans les deux états, notamment dans celui d'Owhère. Les flamans, les pélicans, les hérons blancs et gris cendré, les aigrettes, les spatules, les pluviers, les courlis, les coupeurs d'eau, se font le plus remarquer. Hors ces derniers, j'en avais apprivoisé une certaine quantité de toutes les espèces. Je les nourrissais indifféremment de poisson. Ils sortaient du fort tous les matins pour se rendre à la rivière, et revenaient le soir dans l'intérieur de l'habitation. Les hérons couchaient sur le faîte du grand bâtiment; ils en descendaient quelquefois pour donner la chasse aux rats, qu'ils attrapaient

---

donnait un mille pour trois sous. Ce n'était pas, comme on le voit, payer la peine de les relever de terre. On me vendait aussi un bœuf huit francs; mais comme on reprenait la peau pour trois, l'animal ne me revenait qu'à cinq. Trois poules me coûtaient deux pipes de Hollande que je payais en gros moins de deux liards pièce. Ainsi le prix de ces trois volailles était d'environ quatre centimes.

d'un seul coup de bec. Avant de s'en nourrir ils les faisaient sauter en l'air, les recevaient tout entiers dans leur gosier, toujours
par la tête. J'en ai vu avaler ainsi par un hé-
ron jusqu'à trois, et la queue du dernier rat
paraissait hors du bec. L'oiseau gourmand
se trouvait alors dans l'embarras ; il faisait de
grands efforts de gorge pendant plusieurs
heures pour introduire cette sorte de gibier
dans son estomac. Les hérons s'absentaient
quelquefois du fort, mais jamais plus de trois
jours. Au retour on leur jetait de petits poissons qu'ils saisissaient avec une extrême
voracité.

Le nombre des perroquets y est si prodigieux qu'on en découvre des bandes de
plusieurs milliers. Nous les voyions tous les
jours partir à sept heures du matin, traverser
la rivière dans l'est, et revenir au déclin du
jour se percher vers l'ouest sur les plus grands
arbres, à deux lieues de mon établissement.
Les nègres m'ont appris que ces oiseaux
avaient un roi qu'ils fêtaient tous les matins

par des cris joyeux et des sifflements bruyants. Ce monarque est dans un nid fait en manière de berceau, suspendu par des filets de liane, et balancé par les vents. La nature a pris soin de l'orner d'un magnifique plumage tout différent de celui de ses sujets, car la moitié de ses plumes est grise et demi-rose.

Les nègres, un jour, me présentèrent un jeune perroquet sortant du nid pour me le vendre, en m'annonçant qu'*il était Oba*, ou roi de ces oiseaux : « Il est si rare, ajou-» tèrent-ils, que tu n'en trouveras peut-être » jamais de semblable. » Puis ils me racontèrent l'histoire de ce roi, dont la sigularité piqua ma curiosité au point d'acheter celui qu'ils m'offraient, s'ils voulaient bien me conduire au pied du trône de ce souverain, condition qui reçut leur agrément.

Ils vinrent le lendemain me prévenir d'emporter des sabres afin de couper les broussailles et les lianes, dont l'abondance nous empêcherait un peu d'approcher de l'arbre sacré. Rendus dans ce lieu, nous observâmes une multitude de grands arbres sur lesquels gazouillaient et sifflaient une foule bien autrement considérable de perroquets. Les noirs prirent ainsi la parole : « Tiens, regarde » en l'air ; vois-tu ce grand nid agité par le » vent ? Le roi s'y trouve en ce moment, et » tous les perroquets que tu entends lui » font leur cour. » L'arbre où il siégeait avait au moins cent pieds d'élévation. Mes guides m'assurèrent y avoir monté la veille et coupé avec un sabre l'extrémité de la branche qui supportait le précieux nid du perroquet vendu. Ils me recommandèrent d'en prendre un soin tout particulier, en me répétant que vraisemblablement il ne m'en tomberait jamais dans les mains d'aussi magnifique. Je leur donnai deux bouteilles d'eau-de-vie.

J'ai en effet pris des précautions infinies pour l'élever. Il était aussi beau que rare. Toutes ses plumes d'un semi-rose et d'un semi-gris cendré avaient un brillant que je ne saurais exprimer. Parlant très-distinctement, il imitait aussi fort bien le roulement du sifflet du maître d'équipage. Je l'ai apporté en France, ayant l'intention de l'offrir à la reine Marie-Antoinette. Il fut débarqué à Nantes. En me rendant à Paris, il excitait l'admiration sur toute la route. M. Marion Brillantais *, à qui je l'avais confié le fit dessiner. Malheureusement cet armateur venait de recevoir de la Nouvelle-Angleterre un *didelphe* (1), animal sauvage, qui s'alla réfugier dans la cheminée d'une chambre où mon perroquet fut déposé. Le lendemain on le trouva mort, ayant eu la tête coupée par le didelphe pendant la nuit.

Il est temps de reprendre le fil de mon histoire. Huit ou dix jours après que les nègres m'eurent amené un caïman en vie, une pirogue contenant dix hommes de la

---

* Il existe.

(1) Ou sarigue : c'est un quadrupède de la grosseur d'un renard, qui emporte, en fuyant, ses petits dans une sorte de poche placée sous son ventre.

nation Jo vint m'offrir une douzaine de moutons et cabris vivants, ainsi que trois porcs marrons, boucanés, et coupés par quartiers. J'acceptai ces vivres dont j'acquittai le prix avec de la poudre et des fusils, car ce peuple ne vend rien autrement aux Européens. Ces hommes étaient armés d'un sabre, d'une sagaie et d'un pistolet; ils portaient pour habillement la calotte de peau de tigre et la pagne bleue comme les camarades de Bélé-Bélé.

Je demeurai quatre mois dans la rade de Régio. Le capitaine Okro m'y rendait fréquemment des visites de la part de son souverain. La dernière fois que je le vis, il me prévint que nous touchions au moment du retour de la belle saison, et que je pourrais sortir du fleuve au milieu d'octobre. Je le descendis, afin de me préparer à franchir les barres. Je ne fis remplir que cent barriques d'eau, quantité suffisante à la consommation du navire jusqu'à l'Ile-du-Prince, où j'étais forcé de relâcher pour réparer à la fois le calfaitage, la mâture et le grément. Comme j'avais prié les noirs venant journellement à mon bord de m'apporter sous le plus court délai trente mille ignames, je vis arriver au bas de la rivière vingt pirogues qui en contenaient trente-cinq mille, des bananes, de l'huile, une centaine de poules et vingt moutons.

Nous approchions de la fin d'octobre, et les vents de nord-est, qui depuis près de cent cinquante jours n'avaient pas soufflé, vinrent à six heures du matin favoriser ma sortie; je déployai toutes mes voiles, et à onze j'étois hors de tout danger. J'atteignis l'Ile-du-Prince le quinze novembre. J'y louai, à l'instar de tous les capitaines qui relâchent en ce lieu, une vaste maison où se rendirent le lendemain tous mes nègres, au nombre de trois cent quatre-vingt-seize, en ayant perdu quatorze par les maladies.

Aussitôt que les noirs furent débarqués, je m'occupai des réparations dont l'urgence se faisait extrêmement sentir. Le haut des mâts avait beaucoup souffert des pluies continuelles, surtout le grand mât qui se trouvait en partie pourri : la filtration des eaux n'avait guère moins endommagé le reste; ce qui me donna lieu d'appréhender un instant que le navire ne restât hors de service. Heureusement que je fus tiré de cet embarras par d'habiles charpentiers montés sur mon bord, et dont un avait travaillé long-temps à la mâture des vaisseaux de guerre dans le port de Rochefort. Celui-ci me donna des consolations; il fit mieux, il me rassura. « Mettons » à terre, me dit-il, le grand mât et celui » de misaine ; visitons-les avec le plus grand » soin, et nous verrons quel parti l'on en » pourra tirer. »

J'ordonnai cette opération, par l'intermédiaire de mon second, au maître d'équipage qui la fit exécuter avec promptitude. L'inspection des mâts prouva que, malgré de très-fortes avaries, on pouvait les remettre en bon état avec l'appui de deux jumelles de quinze à vingt pieds de long. On les soutint par des roustures (1) à cinq pieds de distance l'une de l'autre; ils reçurent de ces moyens une telle solidité qu'ils étaient à l'épreuve des vents les plus impétueux. J'avais à bord une forge, des barres de fer, ainsi qu'un armurier qui fit les cercles, avantage par lequel je fus dispensé d'avoir recours aux ouvriers portugais. On calfaita l'intérieur et l'extérieur du bâtiment; les matelots revirent le grément et nettoyèrent la cale. Toutes les barriques d'eau furent descendues à terre et cerclées, selon le besoin, par les tonneliers. Un officier avait la surveillance des noirs; il les conduisait tous les jours au bain, à dix heures de la matinée : leur principal repas

---

(1) Ce sont plusieurs tours de cordage faits autour d'un mât de force, dont les deux bouts et chacun des tours sont contenus par de petits clous à tête plate; on les arrête aux deux extrémités avec un cercle de bois qui entoure également ce mât. Dans cette circonstance on s'servit de cercles en fer larges de quatre pouces, et d'une épaisseur de trois lignes, avec des clavettes.

était pris à trois heures, et dans l'intervalle des autres on les promenait, en leur donnant l'exercice de la danse qu'ils aiment passionnément.

Les grandes chaleurs de l'île causèrent de la lenteur dans les travaux; mais lorsqu'ils furent achevés, je me hâtai de faire emplir cinq cents barriques d'eau; j'achetai quarante cordes de bois, quatre cents alquers * de farine de manioc, deux cents alquers de haricots rouges d'un goût délicieux, mille cocos, des bananes, six bœufs, vingt moutons et cabris, trois cents volailles de diverses espèces avec du millet et du grain de maïs pour les nourrir. Lorsque j'étais sur le point de partir, un évènement remarquable me retint quelques jours de plus dans ces eaux.

Le capitaine Pacot, commandant le *Saint-Julien* de Nantes, armé par M. Bouteiller de cette ville, en sortant de l'Ile-du-Prince fit

---

* Mesure du poids de vingt-huit à vingt-neuf livres.

naufrage à Corisco : ce lieu, qui dans un précédent voyage faillit m'être funeste *, n'est accidentellement habité que par des nègres anthropophages arrivant de la Grande-Terre, continent séparé de Corisco par trois lieues. Ils n'y paraissent que pour faire des sacrifices humains et dévorer leurs prisonniers de guerre.

Dès qu'ils eurent observé l'affreuse position de Pacot, ils vinrent en foule assaillir son vaisseau. Un matelot étant tombé dans leurs mains, ils le coupèrent en morceaux, firent rôtir ses membres et les mangèrent à la vue des esclaves noirs que transportait le capitaine, et dont une partie se trouvait en cet instant sur le rivage. Ceux-ci, révoltés de tant de férocité, accoururent se ranger auprès de Pacot. Il arma des espingolles de trois livres de balle sur des barriques remplies de sable, et les fit jouer contre les barbares qui

---

* Voyez page 58 de ce volume.

prirent la fuite, criblés par la mitraille, et laissant derrière eux un assez grand nombre de morts.

La chaloupe du capitaine ayant été sauvée, il l'envoie à l'Ile-du-Prince afin d'en obtenir des secours. Le gouverneur lui expédie incontinent deux grands bateaux, dont les marins arrachèrent au péril le capitaine avec les nègres qu'il avait encore autour de lui : d'autres noirs qui s'étaient échappés revinrent, de manière qu'il n'en perdit que quatre dans toute sa cargaison.

Cette aventure étant à-peu-près ignorée, même à Nantes, mon récit peut servir à la rendre historique.

Je ne pus voir d'un œil indifférent le cruel embarras de Pacot ; je crus que l'humanité m'ordonnait de lui offrir un passage avec ses nègres sur mon bord. Je n'exigeai rien de lui personnellement ; mais comme il m'était impossible de tenir la même conduite envers ses noirs sans accroître la dépense de mes commettants, et voulant toutefois que mon

service eût la couleur d'un entier désin-
téressement, je me contentai de la moitié
des frais du transport des nègres *. Pacot
mourut dans la traversée : ses noirs furent
déposés aux mains de ses correspondants
MM. Mesnier frères, négociants, à mon arrivée au Cap. Après un séjour de deux mois et
demi dans l'Ile-du-Prince, je la quittai vers
les premiers jours de février 1779 pour aller
au Cap-Français.

Les longs calmes que nous éprouvâmes
sous l'équateur nuisirent beaucoup à cette
traversée. J'estimai, le 3o avril, que j'étais
parvenu à quarante lieues dans l'est de l'île de
Saint-Domingue. Nous eûmes alors connaissance d'un bâtiment, le seul que nous eus-
sions rencontré depuis notre départ de Lisbonne : il était en travers à notre égard, et
nous au nord envers lui. Sa route, sa voilure,
sa marche devinrent semblables aux miennes;

---

* Cent cinquante francs par individu, au lieu de
trois cents.

seulement il déclinait sur moi, mais sans me gagner de vitesse (1). Sa manœuvre me donna des soupçons que la guerre était déclarée entre la France et l'Angleterre. Je fis l'ouvertures de mes craintes au second et au lieutenant qui cherchèrent à les calmer, en me disant que ce navire n'offrait rien d'inquiétant, puisqu'il suivait la même route que nous pour se rendre à Saint-Domingue. Mais, nullement rassuré par ce peu de mots, je leur dis à mon tour : « Hé bien, messieurs, » je vais connaître sur l'heure l'intention de » ce navire, en virant de bord et prenant » la route au sud. S'il n'a point de desseins » hostiles, on le verra continuer sa direc-

____

(1) Si le lecteur trouvait que ces phrases n'ont rien d'académique, il doit penser que la langue des marins contient des expressions qui rendent mieux leur pensée que l'enchaînement de mots plus harmonieux. Au reste, il ne faut point oublier que l'on écrit des mémoires, c'est-à-dire un ouvrage qui doit avoir le caractère simple et net des récits ordinairement admis dans une conversation de bon ton.

» tion ; s'il est armé en guerre, il nous don-
» nera la chasse. »

A peine avais-je exécuté cette manœuvre
en tirant vers l'ouest-sud-ouest, que je vis
l'autre bâtiment déployer toutes ses voiles et
venir droit à nous; ce qui me le fit reconnaître,
après l'avoir bien examiné, pour une frégate
anglaise de vingt-six à trente pièces de canon.
La marche de mon navire était constamment
égale à la sienne. Je mis à mon tour toutes
les voiles dehors, en me dirigeant obliquement au sud et déclinant au sud-ouest. Je
faisais plus de trois lieues à l'heure; je cou-
rais autant qu'il m'était possible vers l'ouest
afin de reprendre ma véritable route. La frégate imitait si bien mes mouvements qu'elle
se trouva positivement derrière moi, dans
une distance d'environ deux lieues.

Cette poursuite rendit ma position fort cri-
tique, car je ne pouvais plus dévier de ma
ligne, soit d'un côté, soit de l'autre, sans
m'exposer à recevoir sa volée. J'avais bien des
canons pour soutenir le combat; mais la plu-

part des marins, capables de les servir,
étaient atteints du scorbut ou reposaient sur
les cadres (1). Ma frayeur augmenta, en pensant que j'approchais d'un banc de roches,
*les Cayes-d'Argent** dont je n'étais éloigné
que de dix à douze lieues; car, outre que
l'observation de la latitude me prouvait une
marche directe sur ce point, les oiseaux aquatiques m'indiquaient encore ces écueils d'une
manière plus positive. La marche de l'ennemi
n'avait point d'avantage sur moi, bien qu'elle
eût celui de recevoir les premières risées (2)
du vent qui soufflait de l'est au nord-est.

Il m'arriva ce que je redoutais avec tant
de fondement; vers les huit heures du soir
mon navire échoua sur les roches. Je mis

---

(1) Étaient couchés.

* Ce banc est ainsi nommé d'un galion espagnol
chargé d'argent, qui fit naufrage en ce lieu : de temps
en temps des pêcheurs en retirent des caisses.

(2) Augmentation de vent qui dure peu de temps,
comme les rafales, mais moins forte. C'est elle qui,
après un calme plat, ride la face des eaux.

sur le champ un fanal à la corne de l'artimon ; je fis tirer un coup de canon de détresse afin de signaler à la frégate l'écueil
qui m'arrêtait, et de l'avertir en même temps
du péril qu'elle courait en me suivant.

Il n'y avait pas une minute à perdre pour
sauver mon bâtiment. Je donnai l'ordre de
jeter à la mer quatorze pièces de canon,
d'enfoncer presque toutes les futailles d'eau,
au nombre d'environ trois cents, et de faire
jouer quatre grandes pompes par les nègres :
cela me réussit pleinement. Mon vaisseau
était à peine à flot que voici l'ennemi qui,
méprisant mes avis, vient s'échouer à babord
de mon côté, à la portée du pistolet. Au premier coup que la frégate donna sur la roche,
sa quille fut brisée ; elle se coucha sur le
côté de tribord. Sa batterie étant à l'eau ne
pouvait tirer sur *la Négresse*. Son équipage
poussait des cris lamentables : j'y fus sourd,
étant moi-même occupé du salut de mes
gens.

Je mis à la mer un canot monté par mon

lieutenant et six bons marins. Munis d'un fanal et d'une sonde, ils avaient l'ordre d'élever le feu autant de fois qu'ils trouveraient de brasses d'eau; c'était mon point de direction dans l'extrême obscurité de la nuit, mais sur une mer peu agitée. Le canot suivait la route du sud; je l'observais toujours avec grand soin, et non sans crainte, car, à chaque ondulation, le gouvernail du navire essuyait de vives secousses. A minuit l'officier signale trois brasses; ce qui m'offre quelque espoir de m'affranchir de cette périlleuse rencontre. Un moment après le feu m'indique vingt pieds; tout l'équipage entre dans une grande joie. A une heure et demie le lieutenant ne trouve plus de fond avec une sonde de cinquante brasses, et celles de mon bord confirment exactement la justesse de ses observations. Je rappelai l'officier. Nous fîmes petite voile sous la misaine et le grand hunier dans la direction de l'ouest-nord-ouest, en suivant les sinuosités de ces écueils tels qu'ils sont tracés sur les cartes marines.

Le jour commençant à poindre, j'étendis mes regards sur le lieu où nous avions touché, mais la frégate avait disparu. Je déployai toute ma voilure, et je fis tourner le gouvernail au sud-ouest afin de prendre connaissance de la terre de Saint-Domingue. Le vent soufflant avec force, nous découvrîmes la terre à midi ; et tenant la route de l'ouest où nous faisions plus de trois lieues par heure, nous vîmes *la Grange*, îlot servant de point pour entrer dans la rade du fort Dauphin qui établit une démarcation entre les possessions françaises et celles d'Espagne. Cette ligne est encore éloignée de quatorze lieues du Cap-Français.

La nuit apportant obstacle à mon entrée dans ce port, je pris le parti de louvoyer à petite voile. Le 3 mai, comme j'étais près de la rade, j'aperçus une goelette venant du nord et cinglant à pleines voiles sur *la Négresse* ; j'allai droit à sa rencontre, et lui fis tirer un coup de canon en arborant pavillon français. Le boulet passe entre les deux mâts. Aussitôt elle revire de bord et s'enfuit dans le nord-ouest. Cette manœuvre me donna lieu de présumer que ce bâtiment était un corsaire anglais; avec d'autant plus de fondement qu'il ne voulut montrer aucun pavillon. Je repris ma direction ; j'entrai dans la rade du Cap à trois heures de l'après-midi; je descendis à terre, et j'allai rendre visite au gouverneur qui me demanda si j'avais rencontré en mer des bâtiments anglais. Après m'être étendu sur les diverses particularités de mon voyage, je reçus ses félicitations d'avoir échappé aux écueils. Il ajouta que ces évènements étaient d'une nature assez grave pour devoir être consignés au greffe de l'amirauté.

Le lendemain 4, je me rendis au greffe où ma déclaration fut reçue fort amplement. On s'informa si je n'avais point aperçu de navire anglais, et surtout une goelette de cette nation, commandée par le capitaine Porquain dont la croisière était établie à la hauteur de la Grange, et qui avait déjà capturé plus de trente bâtiments français. Ma réponse fut affirmative, en assurant que ce corsaire s'était réfugié à ma vue dans les îles Turques, où ses pareils se retirent en temps de guerre. Ces îles sont inhabitées : l'une d'elles produit beaucoup de sel, formé sur ses bords par l'ardeur du soleil. Plusieurs navires américains et danois vont y prendre leur chargement de ce sel, qui est d'une telle dureté qu'il faut employer le pic pour le diviser.

Peu de jours après ma déclaration, il vint sur la rade un canot que montaient quatre hommes de la frégate anglaise qui m'avait poursuivi. Ces marins déclarèrent à leur tour que leur navire se nommait *la Mégère*, portant vingt-six pièces de canon de neuf et cent cinquante hommes d'équipage; que la frégate ayant échoué s'était totalement brisée sur les roches ; que le capitaine, les officiers et tous les marins avaient péri ; qu'eux seuls, après avoir recueilli un peu de biscuit, s'étaient précipités dans la chaloupe

avec l'espoir de trouver un asile au Cap,
comme l'endroit le plus près où ils pussent
aborder. Tous ces détails furent inscrits au
greffe, et les quatre Anglais demeurèrent
prisonniers de guerre.

Ayant vendu ma cargaison et remis aux
frères Mesnier les noirs du capitaine Pacot,
je tournai mes soins vers les réparations de
mon vaisseau. Ensuite le produit de ma vente
me servit à l'achat de sucre, de café, d'indigo,
de coton, etc. MM. Saurine, négociants et
mes correspondants, firent avec moi un
marché pour remplacer mes canons per-
dus : je les payai mille francs la pièce du
calibre de huit. Le bâtiment étant réar-
mé, gréé, très-abondamment pourvu de
toute espèce de provisions, je pris à bord
trente-sept passagers des deux sexes. J'allai
me joindre au convoi de soixante-dix-huit
navires marchands, qui partait pour la France : six vaisseaux de guerre et quatre frégates l'escortaient. M. de Grasse de Limer-

mont *, montant *le Protecteur* de soixante-quatorze, commandait notre escadre.

La veille du départ, comme je lui rendais visite, il voulut savoir mon nom, celui de mon navire, le nombre de ses canons et des hommes de l'équipage. Quand il apprit que j'avais vingt pièces et cent vingt marins, il me nomma répétiteur de ses signaux sous la désignation de bâtiment d'escorte, et me fit délivrer par un officier de l'état-major tous ceux qui devaient servir au convoi, en me disant : « Quand je serai dans la nécessité de » vous parler, je ferai mettre une flamme » bleue à la corne d'artimon. »

Dans les premiers jours d'août 1779, nous appareillâmes sur la rade du Cap. Nous n'éprouvâmes d'autre inconvénient que des calmes ; mais le 17 septembre, vers six heures du matin, nous aperçûmes les îles Bermu-

---

* Cousin du comte de Grasse qui se défendit si vaillamment sur *la Ville de Paris* contre l'amiral Rodney.

des (1) à quatre ou cinq lieues dans l'est-nord-est. Le commandant donna le signal à toute la flotte de prendre la direction du nord, afin d'éviter les approches de ces îles qu'environnent des bancs de rochers.

Au déclin du jour, les vents soufflèrent dans le sud-est avec une telle violence qu'il fallut serrer toutes les voiles. La nuit fut terrible. Au crépuscule du matin, l'ouragan acquit une telle force qu'il devenait impossible d'entendre aucun son de voix humaine. Les vaisseaux de guerre ne paraissaient plus. L'ouragan redoublait sa furie. Je voyais autour de moi des navires tout démâtés, beaucoup d'autres couler à fond. Dans ce moment épouvantable je fis jeter à la mer quatorze pièces de canon, et m'abandonnai à la rage des vents qui suivaient le tour de l'horizon.

---

(1) Ainsi nommées, à cause de Jean Bermudez qui les découvrit en 1527 : elles sont à neuf cent cinquante lieues de la côte de France.

La mer élevait ses ondes à une hauteur prodigieuse; des lames de plus de six pieds, roulant sur les gaillards, fracassèrent mes embarcations. Déjà sept pieds d'eau couvraient ma cale. Les plus pressantes calamités m'assiégeaient. Je mis soudain quatre pompes en exercice avec dix hommes à chaque. Pendant ce temps d'autres matelots jetaient le café dans les flots; précaution fort inutile pour le sucre, car la plus grande partie vint liquide sur le pont avec l'eau sortant des pompes.

Sur les cinq heures du soir, il passa sur nos têtes une rafale inouie et dont on peut à peine imaginer l'impétuosité, en apprenant qu'elle enleva le petit mât de hune, sans que nous ayons pu connaître ce qu'il était devenu. Fut-il plongé soudain dans la mer ou enlevé dans les airs? c'est ce qu'aucun individu d'un équipage si nombreux n'a su découvrir en plein jour.

Cet effroyable ouragan, après avoir duré plus de soixante heures, fit place au calme le plus profond, mais la houle était encore très-grosse; le roulis nous laissait difficilement la faculté de garder l'équilibre. Ce ne fut que le quatrième jour que le beau temps nous permit de tourner la vue sur l'horizon, sans découvrir un seul bâtiment. J'ai appris par la suite que les vaisseaux de guerre et les frégates avaient tous été démâtés; que deux de ces dernières et plusieurs navires demeuraient au pouvoir de l'ennemi; que presque tout le reste de la flotte était enseveli dans les ondes.

A chaque demi-heure, les quarante hommes occupés aux pompes se relevaient., et malgré leurs efforts ne pouvaient diminuer le navire d'un pouce d'eau; ce qui me causait de vives inquiétudes. Toutefois la mer étant belle, j'ordonnai de placer des mâts de rechange sur les tronçons de ceux qui me restaient; je fis des huniers, et de tous les ris une misérable voilure. Je cinglai comme je pus de l'ouest à l'ouest-nord-ouest, essayant d'atteindre un des ports de la Nouvelle-An-

gleterre, en ce que j'étais trop éloigné des
côtes de la France, pour oser y diriger ma
route avec de si faibles moyens. Je comptais
faire encore près de trois cents lieues avant
d'arriver au plus prochain asile, soit dans le
port de Boston, ou dans la rivière de la Dela-
ware, ou dans la baie de la Chesapeak.

Après avoir visité toutes les pièces à
l'eau (1), je m'aperçus avec douleur que le
roulis avait ouvert celles de l'entrepont, et
qu'il ne s'en trouvait plus que six de pleines,
contenant ensemble dix-huit barriques. Cela
m'imposa la nécessité de réduire chacun à la
ration journalière d'une demi-bouteille. On
examina la soute, qui offrit heureusement
peu d'avaries dans le biscuit, le riz et les haricots. Il y avait en outre une bonne provision
de bœuf salé, de lard et de farine ; mais le
four n'existait plus, les coups de mer l'avaient
entièrement démoli. Les cages des volailles
avaient également disparu ; les cochons

____

(1) Expressions des marins.

étaient tués ou noyés dans leur parc, et les moutons emportés par les lames prodigieuses, roulant sur le bord comme d'effroyables torrents.

Dans cette affreuse position, je dus m'estimer heureux de ce que le navire ne prenait plus d'eau, les pompes ayant achevé de mettre la cale à sec. Je suivais ma route, tantôt à l'ouest-nord-ouest, tantôt à l'ouest, selon que les vents régnaient dans l'un ou l'autre point opposé. Malgré sa pauvre voilure, le vaisseau faisait encore une lieue et demie à l'heure. Tous les passagers ainsi que les matelots étaient remplis de contentement, et mangeaient avec non moins d'appétit le lard et le bœuf salé qu'on leur distribuait par mes ordres.

Nous adressions en commun des vœux au ciel pour la durée du beau temps. En déplorant le malheur des navires précipités par la tempête au fond des eaux, nous aimions à croire qu'il y en avait quelques-uns d'échappés à ses horribles ravages ; et, pour nous donner mutuellement des consolations, nous laissions couler nos plaintes sur le sort de ceux dont les désastres pouvaient surpasser encore nos calamités. Parmi les passagers qui faisaient rayonner l'espoir de trouver, sans de nouveaux accidents, un refuge dans le port le plus voisin, les dames se distinguaient par des raisonnements persuasifs qui ôtaient presque toute crainte aux matelots; et nous observâmes en cette occasion, comme en mille autres, que, si la frayeur de ce sexe est ordinairement plus vive que celle des hommes, son cœur s'ouvre aussi plus aisément à l'espérance.

Dans le cours de nos entretiens où nous n'avions pas cessé d'agiter cette matière depuis sept jours, comme je prenais mon déjeûner, on vint m'avertir que l'on voyait deux grands navires au large. Je les observe avec ma longue vue dans le sud, et m'aperçois qu'ils sont démâtés. Mes soupçons me les font considérer comme des bâtiments anglais qui ont subi les coups de l'ouragan. Par la direction que j'avais prise au couchant, il m'était assez difficile d'imaginer que des bâtiments de notre malheureuse flotte navigassent de ce côté. Pour faire tomber mes doutes je fis hisser le signal de reconnaissance. Aussitôt les deux navires y répondent. Je mets dehors le pavillon de ralliement. Ce signal les approche de moi promptement, car nous marchions l'un sur l'autre; et vers les onze heures nous eûmes la facilité de nous parler.

Le capitaine se nommait André, son vaisseau *le Jonathas* de Marseille. Je l'avais vu au Cap-Français acheter des vins muscat et de Malaga : les dames de mon bord en avaient goûté. Je le rencontrai avec plaisir. La tempête ayant brisé son grand mât sans rompre les haubans, le bout de ce mât, à chaque roulis, frappait contre le franc bord (1) audessous des préceintes (2); ce qui endom-

____

(1) C'est tout le bordage d'un vaisseau depuis la quille jusqu'à la première préceinte.

(2) Fortes pièces de charpente qui lient le vaisseau

mageait les bordages et lui causait une voie d'eau de quatre pieds par heure, que ne pouvait tarir le jeu continuel de ses deux pompes.

Je désirai connaître ses intentions sur la route qu'il tenait. Il espérait, me dit-il, relâcher à Saint-Domingue. Sur mes observations qu'il lui serait impossible d'y relever sa mâture, et qu'il ne retirerait pas de la vente de ses sucres avariés de quoi acquitter les frais de relâche; sachant en outre que j'allais directement dans un port de la Nouvelle-Angleterre, il manifesta l'envie de m'accompagner dans tous les lieux où j'avais le dessein de me rendre; il fit plus, il promit de ne point se séparer de *la Négresse*.

---

en dehors; leur épaisseur est toujours un peu plus considérable que le double de celle du bordage de la carène. On entend par ce dernier mot la partie submergée du bâtiment quand il se trouve à son point de charge, ou, si l'on veut, sa quille et ses flancs jusqu'à fleur d'eau.

De mon côté, je pensai qu'il était de mon honneur de ne point laisser ce capitaine dans l'abandon, principalement à l'heure qu'une voie d'eau considérable pouvait augmenter; car, s'il était contraint à quitter son navire, j'aurais la faculté de le recueillir avec tout son équipage sur mon bord.

L'autre bâtiment vint ensuite si près de moi que la voix seule nous suffisait pour nous comprendre. C'était *le comte d'Artois*, armé à la Rochelle et commandé par le capitaine Gireaud. « J'ai perdu, dit-il, mon beau-
» pré, mon grand mât et mon gouvernail;
» mais un bon maître d'équipage et un excel-
» lent charpentier sont venus à bout de ré-
» parer cette dernière perte; ils m'ont éta-
» bli un gouvernail, avec un cable *, et l'ont
» posé dans les ferrures qui, fort heureuse-
» ment, n'ont point quitté l'étambot (1) ».

* On se servit de deux passavans, cloués l'un sur l'autre.

(1) Pièce de bois qui sert à soutenir le château de poupe, et surtout le gouvernail.

— « Vous ne prenez point la direction
» de France? » — « Oh! non. » — « Où vou-
» lez-vous aller? » — « A Saint-Domingue. »
Lui ayant fait les mêmes observations que je
sortais d'adresser au capitaine André, il reprit : « Puisque ce capitaine vous accompagne
» et qu'il reçoit vos ordres, je vais l'imiter
» et lui parler ». En effet, il le joint. Après
quelques instants de conférence, ils m'annoncèrent par le moyen du porte-voix que, me
reconnaissant pour leur commandant, ils
suivraient exactement ma route.

D'après un accord si positif je leur fis connaître que j'allais cingler dans l'ouest. Je
les priai en même temps de ne point s'éloigner de mon navire pendant la nuit, leur
donnant l'assurance que si sa marche était
supérieure à celle de leur vaisseau, je dimi-
nuerais de voile pour les attendre, et que je
porterais un fanal en poupe ou à la tête de
l'artimon dans les temps brumeux.

Les passagers des trois bords ressentirent
une joie inexprimable en apprenant une
telle résolution ; chaque fois qu'ils rencon-

traient le moment de s'entretenir, ils se féli-
citaient mutuellement d'avoir échappé à la
fureur des éléments conjurés, et mettaient
leurs anxiétés en oubli par des chants d'allégresse.

Nous continuâmes de cingler à l'ouest, et
quelquefois au nord-ouest quand les vents
nous favorisaient sur le grand largue (1). Le
soleil couchant du 4 octobre nous montra dans l'éloignement un sloop (2) qui venait directement à nous, mais sans trop s'a-
vancer. Il tint la même route toute la nuit.
Au point du jour, ayant hâté sa marche, il
s'approcha de mon bord d'une demi-portée
de canon. J'envoyai un boulet sur son avant,
en arborant pavillon et flamme (1) français.
Le Jonathas et *le comte d'Artois* hissèrent

---

(1) Vent qui pousse l'un des flancs du navire.

(2) On prononce *cheloup*, mais comme s'il n'y avait
pas d'*e*. C'est un navire qui n'a qu'un mât et un bout
de beaupré. Il porte d'ordinaire de six à dix-huit canons, de quatre à six livres.

(3) Banderole longue, étroite et fendue par la pointe.

leur pavillon blanc. Le capitaine du sloop vint de suite à mon bord m'exhiber ses lettres et son passeport; c'était un américain commandant un corsaire de quatorze canons, nommé *le Bewerd*, sorti du port de New-London *. Je lui demandai s'il avait un pilote pour me procurer l'entrée d'un port des Etats-Unis : « Oui, me dit-il, et plusieurs. »— « En ce cas, envoyez-moi le plus habile. » Ce qu'il fit aussitôt. Je prévins les deux autres capitaines que j'avais un excellent pilote à ma disposition. L'on devine aisément tout le plaisir que leur causa cette nouvelle.

J'offri au capitaine américain des sucres et des cafés avariés, les seuls présents qui fussent en ma possession. Je le priai de nous accompagner jusqu'à la vue des premières terres, et de chasser à deux lieues en avant. Souscrivant à ce vœu, il me dit qu'il allait prendre le côté du nord afin d'atteindre New-London, comme étant le lieu le plus près et le plus sûr.

---

* Nouvelle-Londres.

« Nous en sommes encore éloignés, ajouta-
» t-il, d'environ soixante lieues. »

Il y avait trois jours que le pilote était à
bord, et notre course était fort peu sensible, à cause du triste état de nos voiles.
Le 7 octobre, à dix heures du matin, se
trouvant à quatre lieues de nous au nord,
l'Américain se mit en travers avec le pavillon rouge (1). Quelques minutes après nous
découvrîmes le bâtiment signalé qui se di-
rigeait sur nous à toutes voiles. Loin de re-
culer sous sa manœuvre nous fîmes bonne
contenance, en formant la ligne de bataille
beaupré sur poupe afin d'empêcher le navire
ennemi de nous la couper. C'était une frégate anglaise. Par sa manœuvre elle nous ga-
gna le vent et demeura en travers, à la distance d'une lieue, afin de nous observer.
Nous continuâmes d'aller au nord sans quitter notre ligne. Après une grande heure

---

(1) C'est le signal qui annonce que l'on voit l'ennemi.

d'examen, l'ennemi déployant toutes ses voiles nous tira d'inquiétude, car il courut dans le nord-est.

J'ai su depuis que le commandant de cette frégate avait cru que nous montions trois vaisseaux de guerre démâtés, et que le corsaire *le Bewerd* était notre éclaireur. Il nous aurait pris tous les quatre s'il eût osé nous attaquer.

Dans la matinée du 9, on eut connaissance de la terre de Long-Island *. Le pilote nous dit qu'avant deux jours, malgré la faiblesse de notre marche, il nous ferait entrer à New-London. Le corsaire nous quitta pour aller établir sa croisière dans je ne sais quel parage. Nous passâmes du nord à l'est de Long-Island : le 10 au matin, nous doublâmes la pointe de cette île, et le 11 notre entrée eut lieu dans New-London., en y laissant tomber une ancre. Le fort nous salua par

* Ile-longue.

quinze coups de canon , nombre qui représente celui des Provinces-Unies : nous répon-
dîmes au salut par autant de coups.

Je descendis à terre avec les capitaines ;
nous allâmes ensemble rendre visite au commandant de la place et à M. Deschamps, commissaire-général de la marine. Ces deux chefs
nous firent le plus grand accueil, en nous
comblant de félicitations d'avoir échappé au
naufrage, et à la vigilance d'une forte quantité de frégates anglaises croisant constamment sur ces côtes. Ils nous apprirent que
celle qui nous avait observés portait trente-
deux pièces de canon ; qu'elle sortait de l'Ile-
de-la-Providence, à quinze ou vingt lieues
de New-London ; que des habitants de cette
île les avaient prévenus qu'elle était depuis
huit jours en mer.

Quelques moments après notre arrivée en
cette ville, nous écrivîmes au consul-général
français à Boston pour lui rendre compte
de nos infortunes, en le priant aussi de nommer des commissaires, chargés de constater

les avaries produites par les orages dans le corps des bâtiments, la mâture, les agrès, les apparaux (1) et les marchandises. Sa réponse nous fit savoir qu'il prenait une part bien vive à nos malheurs, mais qu'il devenait indispensable que chacun de nous fît sa déclaration individuellement et en personne dans ses bureaux, afin que cet acte pût y acquérir un caractère d'authenticité. En conséquence de cet avis nous résolûmes d'entreprendre le voyage de Boston.

Avant de partir, le pilote américain qui nous avait conduits fut appelé. On voulut régler avec lui le prix qu'il exigeait pour ses fonctions. Il demanda sept cents dollars à chaque capitaine, ou sept cents francs, car le dollar que l'on payait alors en papier monnaie supportait l'évaluation d'un franc. Je me disposais à lui compter cette somme quand mes deux collègues, la trouvant fort

---

(1) Terme qui se dit de l'artillerie d'un vaisseau comme des agrès.

exagérée, s'opposèrent à la reconnaître, en disant que si j'acquittais une pareille valeur, elle servirait d'une sorte de règle pour eux-mêmes, qui la considéraient comme infiniment supérieure au service que ce pilote avait rendu. J'acquiesçai à leurs raisons et l'on décida que le paiement serait fixé en revenant de Boston.

Le lendemain de notre entrée à New-London, c'était le 12 octobre, le froid commença de se faire sentir, mais avec une telle rigueur que, deux jours après, le port était pris par les glaces. Les habitants me prévinrent que l'hiver serait très-rude et très-long; que je n'aurais pas plus que l'équipage la possibilité de le passer dans le navire. Cette assurance me fit louer une fort belle maison sur le quai où étaitamarré mon vaisseau. Les marins descendirent à terre : on plaça leurs hamacs au rez-de-chaussée de cette maison. Comme j'éprouvais le besoin de fonds pour acheter des provisions, des canons, de la poudre, pour armer derechef le bâtiment et le réparer, j'annonçai la vente des sucres, cafés en avarie, qui me restaient et que je craignais de perdre entièrement par un plus grand retard.

Je fis déposer ces denrées dans un magasin près du quai. La vente s'ouvrit aussitôt avec succès : les acheteurs vinrent en foule et prirent tout ce qui avait le plus souffert, les cafés à trois dollars la livre, et le sucre à deux ; ce qui me procura une somme de quatre-vingt mille francs que je déposai dans un porte-feuille fermant à clef.

Le jour suivant j'allai, constamment accompagné des deux capitaines, rendre visite au général Washington, qui venait de Philadelphie dans le dessein d'avoir une entrevue avec les généraux La Fayette et Rochambeau *. Le général Washington parut fort sensible à notre visite, il nous dit : « J'ai » appris avec un véritable chagrin les tra-» verses que l'ouragan vous a fait essuyer.

* Ils étaient aux environs de New-London.

» Quel jour croyez-vous partir pour Boston ? » — « Demain, général. » — « Vous irez sans doute à cheval ? » — « Oui, général. » — « Un interprète vous est nécessaire : adressez-vous au commandant de la place qui remplira cet objet. »

Dans la matinée du lendemain on nous amena trois beaux chevaux, avec un interprète fort bien monté. Nous allâmes coucher à Norège, jolie petite ville, à six lieues de New-London, où nous trouvâmes un excellent souper ainsi qu'un fort bon lit. Le matin avant le départ, on nous servit le café au lait, des tartines de beurre et de fromage (1). Quand il fallut acquitter cette dépense, nous éprouvâmes un refus : nous nous regardions avec étonnement ; et comme il était essentiel de savoir la cause d'une pareille conduite, l'interprète, selon nos instances, nous dit

_____

(1) Je conserve ces détails, bien que certains lecteurs aient peut-être quelque penchant à les trouver minutieux.

qu'il avait l'ordre de déclarer nos noms et notre grade dans toutes les auberges où nous logerions, sur le chemin de Boston.

Nous poursuivîmes notre marche jusqu'au village de Walington, habité par une tribude sauvages qui se sont mis sous la protection du gouvernement américain. Ils vivent en pleine liberté, sans être assujettis à nulle imposition, et n'ont d'autre occupation que la chasse du chevreuil.

Au-delà de ce village une grande quantité de neige couvrait la terre. Obligé de descendre, mon porte-feuille tomba de ma redingote sans m'en apercevoir. Ce ne fut qu'à Boston que je découvris cette perte ; elle me devint d'autant plus sensible qu'elle atteignait divers individus à qui les sucres et cafés vendus appartenaient. Nous allâmes droit au consul lui porter la déclaration qu'il avait demandée. Je me gardai bien d'omettre celle du portefeuille perdu avec la somme qu'il contenait. Elle fut certifiée conforme à la vérité par mes deux collègues , qui en avaient reconnu la valeur au moment de monter à cheval.

Il y avait à Boston un négociant français, nommé Gérard; nous le priâmes de nous servir de correspondant pour le courant de nos affaires durant notre séjour dans ces contrées : non seulement il accepta cette commission avec plaisir, mais il nous offrit cordialement tous les services qui ne dépendraient que de sa volonté. Un procédé si honnête ne me permit point de lui laisser ignorer plus long-temps mon dernier malheur; je lui en fis donc le triste récit. Il me rassura bientôt en me disant : « Votre porte-» feuille peut aisément se retrouver. Cette » colonie, nouvellement établie, n'est ha-» bitée que par des propriétaires. Faites in-» sérer dans les papiers publics une note » relative à cet accident. Désignez-y bien » toutes les circonstances, et jusqu'à la cou-» leur du porte-feuille. Promettez une forte » récompense à celui qui le rapportera. Faites » mention de vos nom, qualité, domicile.

14.

» Donnez-moi cette note : je connais un des
» rédacteurs du journal le plus répandu ; je
» la lui recommanderai particulièrement. »
L'avis fut rédigé sur l'heure.

Après avoir demeuré huit jours à Boston
afin de prendre divers arrangements avec le
consul, on décida qu'il nommerait d'office
quatre experts, chargés de constater à New-
London les avaries du *Jonathas* et du *comte
d'Artois* : on arrêta leurs journées à chacune
trois dollars. La veille du départ, un com-
missionnaire vint de la part du commandant
de la ville à notre auberge nous offrir trois
chevaux, et le lendemain à huit heures un
guide interprète les conduisit. Nous prîmes
le chemin de New-London que nous attei-
gnîmes le quatrième jour : les experts n'y
vinrent qu'une semaine après nous.

Les capitaines André et Gireaud firent
décharger leur navire; chaque barrique de
sucre et de café endommagée fut inscrite
dans un procès-verbal. Ensuite on nomma
des charpentiers qui, à la suite d'un scrupu-

leux examen, condamnèrent les deux vaisseaux à cesser leur service, car la mise de
fonds qu'ils nécessitaient n'étant plus en
rapport avec leur utilité, les réparations
énormes de ces vaisseaux devenaient en outre
impossibles dans un pays où les ressources et
les matériaux manquaient pour cet objet *.
Telle fut la décision des juges.

On voulut appliquer le même arrêt à *la
Négresse*, mais je m'y opposai fortement;
car, bien que le radoub, la mâture, l'artillerie, la poudre, les munitions de guerre et
les provisions de bouche exigeassent une
très-forte dépense, je vis que mes voiles et mes
cordages suffisaient au nouveau grément. Je
résolus donc de l'équiper au printemps; forcé
de subir ce retard par la rigueur d'un froid
de trente à trente-cinq degrés au thermo-

---

* Depuis on vendit *le Jonathas* à une compagnie
d'Américains qui l'armèrent en corsaire, et firent
par ce moyen de nombreuses prises. J'ai revu à Nantes
le *Comte d'Artois* : on l'avait armé pour le commerce.

mètre de Réaumur. La glace des rivières était d'une extrême épaisseur et la mer prise à plus de trois lieues des côtes; de sorte que l'entrée et la sortie du port étaient également interdites à toutes sortes de vaisseaux.

Je prévins André et Gireaud qu'après la réparation de *la Négresse*, je me chargerais volontiers de transporter en France les cafés et les sucres qu'ils conservaient à leur bord, avec leur équipage et leurs passagers. Je les invitai à garder le silence sur mes dispositions, de peur d'être surveillé par les amis des Anglais à ma sortie; et, pour mieux donner le change à ces derniers, je répandis le bruit que mon dessein se tournait vers Baltimore, où j'irais prendre un chargement de tabac.

Peu de jours après mon retour de Boston, le capitaine du corsaire *le Bewerd* qui nous avait fourni un pilote, et qui était rentré dans le port pendant notre absence, vint un matin chez moi, accompagné de M. Constant, négociant français, et le seul de

notre nation qui fût à New-London. J'avais
choisi ce dernier pour mon correspondant
avec M. Deschamps , cité précédemment.
Je leur demandai ce qu'ils souhaitaient de
moi. « Je viens, me répondit M. Constant,
» avec ce capitaine qui réclame le paiement
» d'une somme que vous devez au pilote
» qu'il vous a donné en mer.»—«Vous sa-
» vez, dis-je à mon tour, qu'avant notre
» voyage à Boston ce pilote m'a demandé,
» ainsi qu'à mes collègues, deux mille cent
» dollars; que j'étais prêt à solder pour ma
» part le tiers de cette somme; que ces mes-
» sieurs ont clairement manifesté leur oppo-
» sition à mon desir. »—«Tant pis pour
» eux, ils paieront cher leur refus; le capi-
» taine exige maintenant vingt-un mille dol-
» lars, suivant les conseils d'un avocat qui
» le pousse à cette démarche.» Je trouvai une
semblable prétention terriblement élevée,
surtout de la part de cet homme qui nous
avait examinés avec la plus grande tranquillité, sans paraître songer à former envers

nous la moindre action d'intérêt quand nous étions entièrement occupés à la visite de nos bâtiments. « Il faut prévenir, ajouta le négo-
» ciant, MM. André et Gireaud ; demain
» matin nous tâcherons d'arranger cette
» affaire. »

Le jour suivant nous trouva tous réunis. Le capitaine du corsaire persista dans sa demande, en se fondant sur les raisons tirées de sa croisière que nous avions interrom-pue, et dont, par cela même, le dommage pouvait lui être fort nuisible, puisque, sans notre rencontre, il demeurait dans la posi-tion de faire d'excellentes prises. Un nou-veau refus l'éconduisit. Vingt-quatre heures n'étaient pas écoulées qu'il se présente un shérif (1), tenant une baguette noire, sur-montée d'une pomme d'ivoire; M. Constant le suivait. Il me dit en anglais : « Vous

____

(1) On prononce *schérif* : c'est en Angleterre un officier municipal, chargé de différentes fonctions de police et de justice.

» êtes mon prisonnier, ou donnez-moi cau-
» tion.» M. Constant prit soudain la parole :
« Que cela ne vous effraie; vous n'irez point
» en prison. Voyons M. Deschamps, il vous
» cautionnera.» Mes collègues, l'officier municipal, M. Constant et moi, nous allâmes de
suite chez le commissaire-général de la marine. Dès qu'il nous vit, sans nous laisser le
temps de lui fournir nos explications, «Je
» connais, dit-il, le sujet qui vous amène; il
» s'agit d'un répondant; je me charge de
» ce soin, en s'adressant au shérif : je cau-
» tionne les trois capitaines pour cent mille
» dollars.» M. Deschamps signa son engage-
ment et le remit à l'officier municipal, qui nous
laissa la liberté. Mais ayant refusé constamment de payer la somme exigée, un procès
nous fut intenté pour être jugé aux grandes
assises civiles. Cette malheureuse affaire dura
quatre mois.

Dans cet intervalle, nous crûmes devoir
nous adresser à M. le chevalier de la Luzerne,
ministre plénipotentiaire de France près le

congrès des Etats-Unis à Philadelphie. Nous lui exposâmes notre misérable position, combien nous éprouvions d'amertume de nous voir si cruellement rançonnés chez un peuple policé, chez une nation amie de la France, après avoir été si long-tems battus par la plus épouvantable des tourmentes. Son excellence était suppliée de porter nos réclamations au président du congrès pour qu'il daignât adoucir la prétention si follement exagérée du capitaine du corsaire qu'elle était sans exemple dans aucun pays du monde. En mon particulier, je peignis sous de vives couleurs le délabrement de *la Négresse* ; vaisseau de l'État, qui faisait sa première campagne. Je lui marquai mon intention de le réparer et l'armer de nouveau, si le congrès me prêtait des secours suffisants en artillerie, ainsi qu'en approvisionnements de guerre et de bouche ; que je tiendrais la mer avec cet appui dès que les glaces me laisseraient une voie libre.

Le ministre me répondit en déplorant nos

désastres; il trouvait véritablement inouie la conduite de ce capitaine du *Bewerd*; il promettait de soumettre nos justes réclamations au président de la république; mais il avait la douleur de penser que ce premier magistrat serait réduit à l'impuissance de nous rendre service dans cet occurrence; que la cour des assises étant saisie de l'affaire, il fallait que la justice prît son cours, et attendre patiemment le résultat de la sentence. Sa lettre finissait avec l'expression du doute que ce gouvernement tout nouveau fût en situation de me procurer des secours, en ce que la république elle-même en était privée, notamment de ceux qui ont la marine pour objet, puisqu'elle se trouvait dans l'impossibilité d'achever l'armement de deux frégates dont l'une était au même port que *la Négresse*. Je communiquai cette réponse si peu consolante aux deux capitaines, qui s'écrièrent fort tristement : « Attendons la fin
» de ce malheureux procès! »

Nous étions au mois de novembre, et la

gelée se soutenait si bien que les plus lourdes voitures passaient sur les rivières. On recevait heureusement des vivres en abondance. Les cultivateurs nous apportaient en traîneau leurs bestiaux tués, et nous les vendaient ainsi la livre : les poules, un dollar; les dindes gras, deux; les cochons, deux ; les moutons, un et demi; le bœuf, un. J'ai peu acheté de ce dernier, parce que M. Constant, m'ayant assuré que l'hiver serait infailliblement rigoureux, me conseilla de faire acquisition de bœufs en vie. J'écoutai cet avis; j'en achetai une vingtaine, dont dix furent tués presque aussitôt par le manque de fourrage. Le boucher de mon bord les rangea dans un vaste magasin, mais le froid les durcit en douze heures de telle sorte qu'il fallut recourir à la hache afin d'en séparer les morceaux. On assomma les autres suivant les besoins de la consommation journalière qui était considérable ; car, outre mes cent vingt hommes d'équipage, j'avais encore à ma table les deux capitaines et leurs officiers.

Les cuisiniers et les boulangers des trois navires veillaient en commun à la nourriture des marins. Ma maison avait deux étages; on y avait pratiqué une très-vaste cuisine où je brûlais chaque jour une corde de bois. On le vendait à si bon marché qu'il ne me coûtait que la valeur du transport, c'est-à-dire, environ vingt sous la corde. J'en fis une provision de cent cordes, imaginant qu'il m'en resterait à mon départ; mais je commis une grave erreur dans mon calcul, car à la fin de janvier, le froid augmentant d'intensité, je me vis contraint de recommencer ma provision qui me coûta six fois plus cher. Enfin, au mois de mars, un nouvel achat me revint à quinze francs la corde.

Je passai trois mois dans un grand loisir, hors les moments où je prenais le plaisir de la chasse avec les sauvages, dont le talent merveilleux pour cet exercice est connu.

Dans les derniers jours de novembre je rêvais tristement sur le quai au délabrement de mon vaisseau; je me disais : J'ai formé la

résolution d'armer ce navire; si j'échoue dans
mon dessein, que pensera le public? n'au-
ra-t-il pas le droit de me taxer d'imprudence?
ne mériterai-je point tous les noms que s'at-
tire d'ordinaire un jeune présomptueux?.....
Ces réflexions sont tout-à-coup interrompues
par un homme élégamment vêtu d'un très-
beau drap gris, qu'il me semble voir encore.
Il me frappe sur l'épaule et s'informe en anglais si je me nomme le capitaine Landolphe.
— «Oui, c'est à la fois mon nom et ma qualité; que me voulez-vous? » — « Avez-
vous perdu un porte-feuille? » — «Oui, il y
a quarante jours. » — « Pouvez-vous bien
me fournir la preuve que vous êtes celui-là
même qui a fait cette perte?»—«Sans doute,
et la chose n'est pas difficile; interrogez l'é-
quipage et les officiers de mon navire, leur
réponse sera pour vous, j'espère, un témoignage assez puissant. » — « Existe-t-il un
notaire en cette ville?»— «Je l'ignore; mais
s'il entre dans vos desirs de m'accompagner
chez mon correspondant, vous pourrez trou-

ver en lui les éclaircissements qui vous paraissent nécessaires. » — « Je le veux bien. »

Arrivé chez M. Constant, l'Anglais lui demanda s'il me connaissait. — « Oh, oui, » beaucoup. » — « En ce cas, allons ensem- » ble voir un notaire. » — « Pourquoi ? » — « Je dois faire une déclaration authentique » en faveur de ce capitaine. » — « D'accord. » Étant au domicile du notaire, l'inconnu me dit : « Les gazettes ont annoncé au mois » d'octobre dernier que vous aviez perdu un » porte-feuille. Ayez la complaisance de don- » ner ici quelques explications à ce sujet. » — « Il est en maroquin rouge et fermé avec » la clef que voici, tenant à la chaîne de ma » montre. En l'ouvrant, on y trouvera mon » nom inscrit en lettres d'or sur un côté inté- » rieur de la couverture. » La vérification faite et conforme à ma déclaration, cet homme ajouta : « Il y a déjà long-temps que je l'ai » trouvé ; sa couleur tranchant sur la neige » me le fit apercevoir : j'étais à cheval, j'en

» descendis pour le prendre. J'allais à Charles-
» Town ; j'ai fait plus de trois cents lieues de-
» puis ce moment. Voilà ce qui explique le
» retard que j'ai mis à vous le rendre. »

Dès qu'il eut passé des mains du notaire
dans les miennes, je m'empressai d'acquitter
la somme de dix mille dollars que j'avais pro-
mise, mais cet homme délicat la refusa. Vivement touché de son généreux sentiment, je
lui demandai s'il était marin. Sur sa réponse
affirmative, je le priai d'accepter pour son
épouse un baril de sucre et un autre de café :
j'eus le plaisir de lui voir agréer ce présent
ainsi qu'un dîné où je lui fis connaître mes
deux collègues et nos officiers, qui le com-
blèrent d'honnêtetés et de marques d'une
véritable considération.

Vers cette époque, il tomba tant de neige
pendant trois jours qu'elle s'éleva plus haut
que les fenêtres de mon premier étage, de
manière que le jour n'y pouvait pénétrer. Je
n'avais jamais rien vu de semblable. On m'apprit que c'était un évènement ordinaire au

pays dans cette saison, et qu'une loi contraignait l'habitant des campagnes à donner asile aux voyageurs à pied ou à cheval, et même aux voituriers ; car alors l'abondance des neiges dérobant la lumière du ciel, la vie de ces voyageurs est beaucoup trop exposée.

Je fis tracer un chemin voûté sous la neige, afin d'établir une communication avec mes voisins que la rue séparait de moi. Tous les individus de New-London s'efforcèrent de s'en débarrasser. La plupart la jetaient en tas au milieu des rues, et en formaient des monticules ; on laissait seulement devant chaque maison un passage libre pour deux personnes à la fois. Nous espérions que le dégel causerait très-prochainement la fonte de toutes ces neiges. Hélas ! notre erreur ne peut se comparer qu'à notre impatience de revoir le beau temps. Le froid reprit avec une violence extraordinaire. Nous étions tous transis. J'achetai des peaux de renard pour me faire un gilet, et je le mis du côté du poil sur ma peau ;

ma redingote était doublée de même; j'avais
sur la tête un bonnet de peau d'ours : d'autres
fourrures non moins chaudes garnissaient
l'intérieur de mes bottes. Les capitaines et les
officiers prirent exemple sur ce vêtement, ils
s'en trouvèrent fort bien. La neige acquit
bientôt la dureté des glaces, et l'on ne voya-
gea plus qu'en traîneaux.

Ce fut en janvier que l'on nous signifia la
sentence de notre procès. Au lieu de payer les
deux mille cent dollars qu'exigeait le pilote
à sa première demande, nous en acquittâmes
promptement seize mille, les frais compris,
aux termes de notre condamnation; mais le
droit nous resta de nous répandre en mur-
mures d'une semblable vexation.

Aux derniers jours de ce mois je songeai
à me procurer une mâture, de l'artillerie et
de la poudre. Il y avait alors dans le port une
frégate en armement, appartenant aux États-
Unis, nommée *la Tremboule*, que commandait Nikelson. Tous les jours j'allais voir ce
capitaine; je lui adressais souvent des remar-

ques dont il me savait gré. L'une de mes observations porta sur ses canons : je lui dis
qu'ils étaient évidemment trop courts; que
dans la durée d'un combat opiniâtre ils
pouvaient quitter leurs affûts, et qu'il me
semblait prudent autant qu'avantageux d'en
commander d'une plus grande dimension.
Il convint de la justesse de mon raisonnement, mais en ajoutant qu'il fallait en parler
à M. Deschamps. « Si vos canons, lui dis-je,
» sont condamnés, je les prendrai par ac-
» commodement sur mon bord, parce qu'ils
» me suffiront pour une seule traversée. »
Ayant été ensemble chez le commissaire-
général, nous lui fîmes part du motif qui
nous conduisait en sa présence. Nos raisons
lui parurent décisives; l'artillerie me fut al-
louée au prix de l'estimation. L'on ordonna
de suite à la fonderie de Boston une nouvelle batterie de pièces plus grosses et plus
longues pour la frégate. Son grand mât se
trouvant trop court de trois pieds à la suite
d'une vérification d'experts charpentiers, j'en

15.

fis la demande pour mon navire; ce qui, m'étant accordé, me causa une extrême satisfaction. La frégate fut aussitôt démâtée, et sans rien changer aux proportions du grand mât on le fit placer sur *la Négresse*. En attendant que la saison s'adoucît je donnai des ordres pour le calfaitage : on s'occupa dans les magasins à réparer les voilures et les manœuvres.

Je dus songer à l'approvisionnement. Il me fallait beaucoup de biscuit, du bœuf salé, du lard et des liquides. Les farines étaient d'une grande rareté dans tout le Connecticut, où je restais. On avait défendu aux autres provinces d'en exporter de leurs limites sans l'aveu du congrès. Le commissaire de la marine me sauva cet embarras, en se flattant d'obtenir en mon nom l'autorisation d'importer de la Virginie deux cents barils de farine, cent de bœuf salé, cinquante de lard. Le tout fut accordé sur un simple exposé du commissaire et m'arriva promptement. Mes deux boulangers, ceux du *Jonathas,* du *comte d'Artois*, et quatre du pays firent le biscuit; ils en fabriquaient journellement trois ou quatre cents livres.

Les équipages et les passagers montraient leur satisfaction de voir la réussite de mes desseins; ils se livraient chaque soir à la danse et à d'autres divertissements. Les habitants de New-London nous conduisaient en traîneau jusqu'à cinq ou six lieues, souvent à Norège. Les dames, enveloppées de bonnes fourrures, ayant des chaufferettes aux pieds, goûtaient ce plaisir avec ardeur. Huit personnes remplissaient chacun des traîneaux que tiraient deux très-beaux coursiers entourés de sonnettes : deux écuyers adroits les montaient en prenant constamment le grand trot. C'était toujours à six ou sept heures du soir, par un beau clair de lune, que l'on se mettait en marche. Arrivé dans une ville au lieu du rendez-vous, on soupait, puis on dansait toute la nuit. A cinq heures du matin, l'hôte servait le thé et le café au lait avec de petits gâteaux. On repartait une heure ou deux après, et l'on allait se reposer à New-London des fatigues du voyage. Dans ces parties, il y avait jusqu'à huit traîneaux à la fois, dont chacun transportait quatre hommes et quatre dames.

Ces exercices étaient très-salutaires au milieu des frimas, et nous y ajoutions celui de la chasse. Comme le lièvre et la perdrix sont fort communs dans ces lieux, nous en rapportions une grande quantité. La perdrix du pays diffère de celle d'Europe, en ce qu'elle siffle et se perche sur les arbres; du reste le plumage est le même.

Je souhaitais de caréner mon navire, mais la gelée m'en empêcha jusqu'aux derniers jours de mars qu'elle commença de s'affaiblir. La glace autour du bâtiment avait plus de cinq pieds d'épaisseur; j'ordonnai de la casser avec des masses et des pinces : on en vint à bout par des efforts continus. *La Négresse* étant amarrée à terre, on dressa sur le quai un appareil (1) de carène. On visita son franc-bord, et nous vîmes, avec une surprise difficile à décrire, un fragment de roche de plus de soixante livres entré dans l'un des bordages, à trois pieds de la quille. Nous eûmes beaucoup de peine à l'enlever du bois : c'était une pierre des Cayes-d'Argent où j'avais échoué le 3o avril de l'année précédente. Si elle se fût détachée alors, notre perte était inévitable, le navire eût coulé bas. L'ouverture produite par cet accident avait plus de dix-huit pouces de diamètre ; c'était véritablement une merveille de voir la surprise courir sur tous les visages des individus présents, qui admiraient deux fois le bonheur que j'avais eu de me garantir du naufrage et des projets de *la Mégère*.

L'activité régna dans les réparations. Après le calfaitage, je fis mettre au franc-bord une

---

(1) Disposition mécanique pour quelque manœuvre qui exige de grandes forces.

couche de suif épaisse d'un pouce, mêlée de blanc de céruse et d'une eau de chaux, afin d'augmenter la vitesse de mon navire. Ensuite il reçut un lest d'environ quarante tonneaux en grosses et petites pierres que je plaçai le long de l'écarlingue (1) et au centre de gravité ; les transportant d'un endroit à l'autre, sur le devant ou sur le derrière, afin d'observer exactement les lignes d'eau que m'avait indiquées l'ingénieur-constructeur, M. Chevillard, à Saint-Malo. Je recommande ici à tout chef de navire d'examiner cet équilibre, car c'est le seul moyen d'obtenir la plus grande marche possible.

Mes provisions entrèrent à bord au mois d'avril. Comme il y avait très-peu de vin et qu'il se vendait fort cher, j'achetai, pour en tenir lieu, quarante muids d'excellent cidre. C'est alors que le bruit courut par mes soins

____

(1) L'écarlingue ou carlingue est une pièce de bois sur laquelle porte le pied d'un mât.

que j'allais me diriger sur Baltimore, dans l'espoir que les frégates ennemies, croisant devant le port, leveraient leurs stations.

Je fis aussi l'acquisition de quatre cents boucauts de tabac en feuille d'un négociant de New-London, à raison de quinze francs le quintal, que je payai toujours avec le produit de mes sucres et cafés avariés. Je réservai une place pour les denrées du *Jonathas* et du *comte d'Artois*, que j'avais promis d'embarquer.

Au 20 avril, les équipages avaient achevé de transporter les vivres et l'artillerie; le navire même était parfaitement gréé, lorsque le commissaire-général de la marine me fit prier de passer chez lui; c'était pour me demander si je voulais prendre sur mon bord deux passagers auxquels il portait beaucoup d'intérêt, et qui désiraient voir la France. L'un était M. Tremboule, major d'infanterie à l'armée des États-Unis, et fils du gouverneur de la province du Connecticut; l'autre se nommait M. Laurence, major en chef de la même armée, mais il prenait en cet instant la qualité de docteur. Depuis j'ai pensé que ces deux personnages avaient une mission secrète du congrès auprès du ministre Francklin.

Je dis au commissaire que je m'estimais heureux de faire en faveur de ces messieurs quelque chose qui pût lui être agréable, bien que *la Négresse* fût déjà chargée de trois équipages et de quarante passagers : car, outre les miens, je transportais ceux des deux autres navires ; ce qui formait un total de trois cent quatre-vingt-dix personnes, parmi lesquelles se trouvaient onze femmes. Avec un personnel aussi nombreux, plein de bravoure et fort aguerri, je ne redoutais aucunement la rencontre d'une frégate ennemie de ma force.

Je prévins les passagers de se préparer au départ, en ce que si j'apercevais une lueur de dégel je mettrais incontinent à la voile. MM. Tremboule et Laurence, ayant leur passage assuré, venaient me voir tous les jours ; ils paraissaient fort contents de la grandeur de mon navire, comme du lieu que je leur y destinais. Le premier, qui parlait assez bien français, demanda qu'il lui fût permis de le dessiner afin de transmettre cette image à son père ; ce que je lui accordai avec plaisir. Ensuite, il me dit : « Je sais » que les Français aiment beaucoup les vo- » lailles dans une longue navigation ; je sais » également que les passagers doivent se » fournir de vivres ; je n'en ai point embarqué » pour mon compte, mais j'aurai soin de » vous établir ici un joli poulailler. »

Cette offre vint fort à propos, car je commençais à ressentir quelque inquiétude pour contenter, sous ce rapport, tant de personnes qui prenaient leur nourriture à ma table ; heureusement elle dura peu. Je vis arriver plusieurs traîneaux chargés d'énormes cages que remplissaient des poules, des canards, des oies et des dindes, en si grande quantité que l'on en comptait plus de trois cents : six gros porcs suivaient toutes ces volailles.

Il me manquait des cages d'une autre sorte pour les contenir; le commissaire y pourvut. J'annonçai de suite aux passagers qu'une légion emplumée allait m'arriver, et que l'on s'occupait à terre de lui construire une caserne; ce qui provoqua leur gaieté en voyant une telle ressource pour le voyage.

Le 8 mai, les capitaines Gireaud et André m'ayant envoyé toutes leurs marchandises, j'allai chez le capitaine Nikelson, et lui communiquai le dessein que j'avais conçu de faire scier par mon équipage les glaces qui me retenaient. Il sourit de la nouveauté du projet, puis il me dit : « Soyez assuré » que s'il réussit je mets de suite à la voile; » nous tiendrons la même route ensemble à » cent lieues dans l'est. Je vais me disposer » sur l'heure à dresser un tableau de signaux » qui puissent nous servir dans le cas où » nous verrions l'ennemi. »

Rentré à bord, je questionnai le charpentier sur le nombre des scies de longueur dont il pouvait disposer; il n'en possédait que deux : je priai M. Constant de m'en fournir deux autres. Le bas des quatre scies fut démonté; je fis attacher quatre boulets de douze au bout de chaque lame. Avec des pinces à canon l'on creusa de grands trous dans la glace, qui avait encore plus de quinze pouces d'épaisseur. Les instruments étant introduits, on scia rapidement autour du navire. Le succès de mon opération n'offrant plus d'incertitude, je chargeai quarante des meilleurs matelots de la continuer dans le port jusqu'à la mer. On traçait de longues raies sur la glace afin de guider les traits de scie, et la coupure s'opérait avec une incroyable célérité. Des marins conduisaient avec des embarcations, hors du port, les carrés détachés. Les courants du centre de la rivière favorisaient étonnamment ce pénible travail, dont la continuité remplissait d'admiration les habitants de New-London, à qui ce spectacle était aussi nouveau qu'imposant. Après plus de sept mois d'attente, le passage de la mer me fut ouvert en un jour, car, en commençant l'opération le 9, tout était fini le lendemain.

Le commandant de la frégate américaine me félicita d'un succès si prompt ; je lui appris que je partirais le 12. Il me dit qu'il avait la même intention, et me donna ses signaux. Je fis battre la caisse en prévenant les officiers et matelots de se rendre à bord, pour y recevoir une gratification digne de leur zèle à réparer mon bâtiment. A trois heures de l'après-midi, personne ne manquait à l'appel. J'ordonne au second et au premier lieutenant d'aller à terre couper les amarres, et de revenir mettre à la voile, afin de mouiller les ancres auprès de *la Tremboule*. On tire un coup de canon, signal du départ, donnant avis aux passagers d'embarquer à l'instant leurs effets.

Il me fallait un pilote côtier ; je m'adressai pour cet objet à M. Constant qui me dit : « J'en connais un fort habile, mais il le faut » payer cher. » — « Le prix est ce qui m'oc-» cupe le moins, voyons cet homme. » —

« Il demeure à deux lieues de cette ville,
» nous irons ce soir lui parler. » Nous montâmes à cheval sur les dix heures; nous frappâmes à la porte du pilote qui mit la tête à la fenêtre sans vouloir ouvrir. Cependant, après avoir écouté nos raisons, il consentit à nous laisser entrer. Je lui proposai de conduire mon vaisseau jusqu'à la hauteur des bancs de Nantucket. Il entrevit de grandes difficultés dans l'exécution de cette entreprise, en ce qu'il y avait deux frégates anglaises en croisière devant New-London. Je lui promis cinquante guinées s'il me sauvait de l'ennemi.

« J'accepte, répondit-il, et j'engage ma
» tête que les frégates ne pourront vous at-
» teindre, ni même vous apercevoir dans les
» passes où je naviguerai la nuit. Ne soyez
» point effrayé quand je longerai le Black-
» Roche; je connais parfaitement l'étroit pas-
» sage qu'on trouve entre la terre et cet
» écueil. » Ainsi l'argent, selon la coutume, fit disparaître en un clin d'œil ces difficultés

qui paraissaient d'abord au pilote presque insurmontables.

Il vint de suite avec nous et fut consigné à bord. Le capitaine Nikelson m'ayant félicité d'avoir rencontré ce marin me dit que lui-même serait prêt dans la journée, à six heures du soir. Après m'être assuré de la présence de tous les matelots et passagers, je levai l'ancre le 12, et toutes les voiles furent déployées. *La Tremboule* me suivait de très-près. Mon pilote nous guidait tous les deux. Malgré ma confiance dans son adresse, je ne pouvais me défendre de vives frayeurs en voyant les lames, qui roulaient sur les rochers, venir nous atteindre à toute minute et nous montrer les suites d'un si périlleux voisinage. Cependant la sonde, ne sortant pas de nos mains, nous annonçait constamment douze, quinze et vingt brasses d'eau. Le pilote nous rassurait en disant : « Tout » va bien. « La nuit s'écoula de cette manière entre la crainte et l'espérance. Nous faisions au moins deux lieues à l'heure.

Le 13 à cinq heures du matin, le pilote nous rendit une joie sans mélange : « Vous » voilà, s'écria-t-il, hors de tous les dangers » de Black-Roche. » Je mis un canot à la mer portant notre guide à terre, qui devait recevoir les cinquante guinées que j'avais déposées dans les mains de M. Constant.

Je fis connaître au capitaine de la frégate mon dessein de me diriger à l'est, afin de prendre la route de France la plus courte. Il desira m'accompagner jusqu'à cinquante ou soixante lieues pour éviter la croisière d'une escadre anglaise, stationnée à l'entrée de la baie de Boston. Nous navigâmes ensemble pendant trois jours sans rencontrer aucun bâtiment. Le 16 à huit heures de la matinée, le capitaine Nikelson, passant près de moi à la portée de la voix, me souhaita bon voyage et prit la route du sud-est. Je courus dans l'est-nord-est, poussé par un vent frais, à l'aide duquel je faisais trois lieues par heure. A deux heures de l'après-midi la frégate était hors de vue.

Je continuai le même chemin jusqu'au 17, que je tournai à l'est-sud-est. Nous étions par la latitude de la rivière de Nantes, toujours favorisés d'un grand vent. Le 24 à onze heures du matin, les vigies * annoncèrent un fort navire à trois mâts. Aussitôt je montai dans la hune du grand mât : ma lunette de longue vue me le fit reconnaître par sa mâture et sa voilure pour une frégate anglaise. J'ordonne le branle-bas. Quarante matelots éprouvés sont disposés pour l'abordage. Déjà les vergues ont reçu les grappins. Tout le monde brûle de combattre. La frégate venait sur nous à toute voile; je suis son exemple et vais à sa rencontre; mais elle n'eut pas plutôt remarqué la bonne résolution des marins et même des passagers, que, diminuant sa voilure, elle parut hésiter à soutenir le combat. Je lui fis tirer un coup de canon dont le boulet passa près de son bord, et j'arborai soudain pavillon français. Au même

* Sentinelles placées au haut des mâts de perroquet.

instant elle changea de route par une ligne oblique, sous une voilure différente de la première, sans doute afin d'essayer sa marche avec celle de mon navire. Imitant promptement sa manœuvre, j'eus bientôt sur elle un immense avantage, car rien ne convenait mieux à l'allure de *la Négresse*.

Nous étions sur le point de l'atteindre, quand, voulant éviter une rencontre qui ne pouvait que lui être funeste, la frégate mit au plus près du vent toutes ses voiles. J'en fis autant; mais l'ennemi trouva sous cette voilure, à son tour, une telle supériorité de marche qu'il me fallut renoncer, à cinq heures du soir, à lui donner la chasse. Je repris la route de l'est-sud-est.

La force du vent augmenta. Nous faisions plus de trois lieues par heure. L'équipage éprouvait un vrai regret de n'avoir pu combattre. Au reste on était gai, on s'amusait, on chantait, on dansait tous les soirs. Les deux Américains partageaient la joie commune. M. Tremboule avait hâte d'arriver; il s'informait chaque jour de la distance qui nous séparait des côtes de France, et je l'en· gageais à prendre patience. Comme il venait de m'adresser une de ces questions ordinaires, on aperçut dans le nord trois bâtiments; c'étaient trois cutters (1) qui passèrent dans mon esprit pour être des corsaires. Le branle-bas fut commandé, mais sans vouloir changer ma direction. Je fis fermer tous les sabords, et transporter dans ma chambre deux pièces de canon pour battre en retraite le cutter qui viendrait nous attaquer en poupe. Alors je dis à l'équipage : « Laissez agir » ces coquins, ces damnables pendards; dès » qu'ils seront à la portée de nos pièces, nous » les recevrons d'une manière qui ne leur » laissera rien d'équivoque à notre égard. »

Les corsaires, arrivés tout près de *la Né-*

---

(1) On prononce *cotre*. Sorte de bâtiment à un mât dont la construction vient des Anglais. Il ressemble à un sloop par son grément et sa voilure, qui sont un peu plus considérables. Son mât est aussi, d'ordinaire, plus incliné vers l'arrière.

gresse, se placèrent l'un à tribord, l'autre à babord, et le troisième par derrière. L'un d'eux me tira un coup de canon en arborant pavillons rouge et anglais. Au premier coup de sifflet du maître d'équipage tous les sabors se lèvent; une volée de coups de canon tirés à la fois des trois côtés, en hissant la flamme et pavillon français, leur causa de grandes avaries, leur blessa beaucoup de monde et les étonna si fort qu'ils prirent la fuite au plus vite dans le nord. Je ne voulus point les poursuivre, appréhendant la rencontre de quelques escadres ennemies à l'ouest de l'île d'Ouessant.

Le 24 juin, un brouillard fort épais nous enveloppa : l'on ne distinguait aucun objet d'un gaillard à l'autre. La route se continuait malgré les ténèbres. Un vent de nord-ouest s'élevant tout-à-coup les dissipa. Quelle fut ma surprise, en retrouvant la lumière, de me voir entouré de vingt vaisseaux de guerre! Étaient-ils français ou anglais? Je fus promptement hors de douté, car le chef de l'escadre ayant fait des signaux qui m'étaient inconnus donna l'ordre à deux vaisseaux de 74 de courir sur moi. Ils me tirèrent des coups de canon de chasse, mais leurs boulets n'arrivaient pas à mon bord : plus d'une lieue nous séparait.

L'augmentation du vent me fit risquer d'être démâté, en mettant dehors toutes les voiles et marchant sous le grand largue. Comme je faisais près de quatre lieues à l'heure, je m'aperçus avec une indicible joie que les vaisseaux n'avaient aucun avantage sur la marche du mien ; mais ils ne ralentissaient pas leur poursuite. A six heures du soir, l'un d'eux perdit son petit mât de hune ; c'était précisément le meilleur voilier. La nuit vint à mon secours, et toutes mes frayeurs se dissipèrent comme le brouillard du matin.

Des coups de canon, tirés de l'escadre, rappelèrent mes deux ennemis. A ces signaux l'équipage et les passagers de mon bord sentirent des transports d'allégresse ; ils dansèrent presque toute la nuit. Mes craintes re-

vinrent en songeant que le commandant ennemi pourrait fort bien détacher de plus fins
voiliers sur mon chemin; ce qui me donna
lieu de prendre une autre direction. Dès qu'il
fut nuit close, je fis gouverner le bâtiment
au sud jusqu'à minuit. A cette heure je pensais être à quinze lieues de l'escadre. Le
lendemain à la pointe du jour nul vaisseau
n'était en vue.

J'avais le dessein d'entrer dans la rivière
de Nantes ou dans celle de Bordeaux. Je reconnus, en observant la latitude, que j'étais
éloigné de vingt-cinq ou trente lieues de
l'Ile-Dieu : changeant subitement de résolution, je tournai vers Belle-Ile afin d'arriver à Nantes. Au moment où nous apercevions Belle-Ile, la vigie prévient qu'elle voit
trois bâtiments courir sur nous. Le plus
gros était un vaisseau de 80 *. Quoiqu'il fût
à trois lieues de moi, je lui tirai un coup de
canon sur l'avant, et j'arborai flamme et pa-

---

* Je le croyais.

villon de France : comme il ne répondait pas de suite au signal, j'allai vers le nord; mais le chemin m'étant coupé par une frégate et un brigantin aux ordres du vaisseau, je cherchai un refuge dans la baie de Quiberon. Ce dernier hisse le pavillon français et tire un coup de canon. Cela ne me tranquillisa point ; je forçai de voile pour venir mouiller, à huit heures du soir, dans la rade de Quiberon sous la protection du fort, où nous pensions être exempts de crainte.

A minuit on vint m'éveiller en sursaut, en m'apprenant qu'un bâtiment venait derrière nous avec des avirons. On démasque aussitôt les deux pièces de canon de ma chambre : les artilleurs vont à leur poste; tout le monde se tient sur ses gardes. Le navire s'approche ; c'était un corsaire anglais * qui espérait nous surprendre à l'abordage. Étant arrivé à la distance d'une portée de

* Il s'était caché derrière des roches, en abaissant son mât.

fusil, nous le hélâmes. Comme on lui demandait d'où il était, ce qu'il voulait, il répondit qu'étant pêcheur il avait en sa possession d'excellent poisson qu'il souhaitait nous vendre. Cette réponse méritait une réplique qui ne se fit pas attendre : elle fut appuyée de deux coups de canons chargés à mitraille. « Voilà, lui dit-on, la monnaie avec quoi » nous payons le poisson que l'on veut nous » vendre la nuit. » Le corsaire ayant ainsi son compte remporta, fort mécontent, le prétendu fruit de sa pêche. Nous reposâmes avec tranquillité le reste de la nuit.

Le 29 à six heures du matin, la frégate qui accompagnait le vaisseau vint à nous on lui tira un coup de canon. Elle mit soudain son canot à la mer, un officier le montait. Il m'adressa beaucoup de questions sur mon voyage, et fut émerveillé d'apprendre avec quel rare bonheur j'avais passé au travers de la flotte anglaise. Il conserva par écrit mes réponses, et m'apprit à son tour que la frégate d'où il sortait se nommait *la*

Blanche ; le brigantin , *l'Epervier ;* et le vaisseau , *le Tonnant* de 90; qu'ils étaient tous trois partis de Rochefort pour se rendre à Brest, où l'on armait une forte escadre que devait commander le comte d'Estaing. L'officier s'étant retiré, je mets le pavillon en berne (1) pour avoir un pilote côtier. Il s'en présente un qui me procure l'entrée de la rivière de Nantes, moyennant trente-trois francs.

C'est ainsi que se termina cette campagne de quatre ans, où la fortune sembla prendre plaisir à me faire éprouver ses bons et ses mauvais succès. Depuis long-temps on perdait l'espoir de mon arrivée, car les feuilles publiques annoncèrent, au moment de l'ouragan du 17 septembre 1779, que mon bâtiment avait coulé bas avec beaucoup d'autres.

Les négociants, MM. Charet et Ozenne, correspondants de *la Négresse*, procédèrent à son déchargement en effectuant la remise

---

(1) C'est le plier dans sa hauteur de manière qu'il ne fasse qu'un faisceau.

des sucres et cafés du *Jonathas* et du *comte d'Artois*. Tous les passagers descendirent à Paimbœuf : ils allèrent ensuite à Nantes. Les deux Américains me prièrent de les conduire chez M. Gruel, leur correspondant et celui d'une foule de leurs compatriotes. Ce négociant les accueillant avec chaleur se répandit en offres de services, dont quelques-unes avaient pour objet des lettres de change tirées sur les principaux banquiers de la capitale. Je compris par la nature et l'importance de ces offres que ces messieurs étaient particulièrement recommandés.

M. Gruel, sachant que je me proposais de rendre mes comptes aux administrateurs de la compagnie de la Guyane, desira savoir mon départ deux jours auparavant, en ce que les Américains qui se rendaient à Paris lui avaient marqué l'intention de m'emmener dans leur berline. Le moment arrivé, je déjeûnai chez M. Gruel avec mes compagnons de voyage. Le repas était à l'anglaise et à la française. Je demeurai surpris de la

dépense qu'on y faisait, et des égards singu-
liers que l'on témoignait aux deux hôtes;
mais, voyant arriver six chevaux de poste destinés à la voiture, je ne doutai plus que ces
passagers ne fussent des personnages d'une
haute considération.

Après le déjeûner, nous montâmes dans
la berline qui fut traînée avec la rapidité de
l'éclair jusqu'au premier relais. M. Tremboule
me chargea du soin d'acquitter les frais de
route, et de payer trois francs par poste à
chaque guide *. Ceux-ci donnaient la qualité de princes à ces messieurs qui, dans les
auberges, paraissaient la mériter par la bonne
chère et la manière pleine de dignité dont
ils soldaient la carte, trouvant partout que
les mets les plus délicats n'étaient jamais assez
payés.

Le troisième jour nous vit arriver à la
capitale. «M. Landolphe, conduisez-nous,
» me dirent-ils, dans un bel hôtel, au centre

---

* Il y en avait deux.

» de Paris. » Les postillons, sur mon avertissement, s'arrêtent vis-à-vis le grand hôtel de Richelieu, rue de ce nom. Je demande à voir un bel appartement. Nous montons au premier étage; il y en avait un magnifiquement meublé qui fut retenu sans discussion à raison de cent cinquante francs par jour. Une semaine fut acquittée d'avance. On fit venir trois domestiques parlant diverses langues, et pouvant se faire entendre en français, anglais, hollandais, espagnol, portugais et italien : ils demeurèrent au service des deux voyageurs. Pour moi, j'allai me loger modestement chez un épicier, nommé Delavigne, tenant un hôtel garni, rue de la Jussienne. Les Américains manifestant l'envie de me présenter au docteur Franklin, je saisis avec un très-vif empressement l'occasion de voir cet homme justement célèbre que tout Paris admirait.

Le jour suivant, nous allâmes en voiture tous les trois à Chaillot, où il demeurait. Le docteur vint nous recevoir. M. Tremboule

en me présentant lui dit : « Voici le capi-
» taine qui nous a conduits de New-London
» en France, à travers mille périls. » M. Franklin, après s'être exprimé d'une manière
obligeante sur les circonstances de notre traversée, m'offrit ses services. Je lui déclarai
que j'étais porteur de quelques papiers où sa
signature devait être apposée. « Apportez-les-
» moi, me dit-il, et je les signerai. »

Nous restâmes plus d'une heure dans son
cabinet; il ne cessa pendant tout ce temps
de témoigner mille amitiés à **M. Tremboule.**
Nous remontâmes en voiture. J'allai le même
jour rendre visite aux administrateurs de
la compagnie, à qui je soumis tous mes
comptes pour être examinés. Me félicitant
sur mon retour ils m'avouèrent qu'ils me
croyaient au fond de la mer, n'ayant eu aucune
nouvelle de moi depuis plus d'un an.

Dès que l'examen des comptes fut terminé, je reçus une gratification de dix mille
francs, outre la solde de mes appointements
qu'on régla sur l'heure. Le directeur me dit

que si *la Négresse* eût été perdue il aurait fallu payer au gouvernement une somme de deux cent mille francs, selon l'évaluation qui en avait été faite avant mon départ.

Quelques jours après ma visite au docteur Franklin, je retournai chez lui, accompagné d'un de mes parents, M. Faraguet (1), qui desirait beaucoup le voir. Nous entrâmes dans son cabinet aussitôt qu'on m'eût annoncé. Il nous fit asseoir. Je lui présentai mes pièces; c'étaient des récépissés du papier monnaie que j'avais versé au trésor du congrès, et un écrit par lequel M. Franklin était autorisé à me faire compter la même somme à six mois de vue. Il mit au bas ces mots : « Aussitôt » que M. Grand, banquier, lira ce papier, il » en acquittera le montant. » Je sortis de chez le docteur, et le lendemain son banquier me versa les fonds qui m'étaient destinés, non sans une grande surprise de voir l'ordre du plénipotentiaire sur l'esprit duquel il

____

(1) Premier époux de madame Landolphe.

me croyait apparemment un bien puissant crédit.

L'administration de la compagnie me donna le choix du commandement de *la Négresse* qui devait transporter dans six mois des troupes à Cayenne, ou de la frégate *la Chimère* de 32, que le roi venait de céder à l'un de ses membres. Celle-ci étant sur le point d'être armée par le gouvernement, on avait décidé qu'elle ne recevrait que 26 pièces de canon, avec la désignation de lettre de marque. Elle était au port de Lorient; je lui donnai la préférence.

Je me rendis dans cette ville en décembre 1780. Le commissaire ordonnateur qui sortait de recevoir les ordres du maréchal de Castries, ministre de la marine, me remit le commandement de *la Chimère*. Il fallait à cette frégate un radoub très-considérable dont l'ingénieur-constructeur, M. Guignard, fut chargé. Il la fit mailleter (1). Je n'avais

____

(1) Couvrir de clous à tête large le doublage d'un

jamais vu cette opération ; j'en ignorais même
le nom. J'ai su depuis que ce navire était
destiné à servir de ponton. Quoique le mailletage, dont le travail paraissait uni comme le
franc-bord, fût établi avec une adresse admirable, j'appréhendais qu'il ne devînt nuisible
aux mouvements de la frégate qui jouissait
de la réputation d'excellente voilière : mais
M. Guignard me tranquillisa pleinement, en

---

vaisseau pour le préserver des vers dans les voyages
de long cours, surtout aux pays chauds où cet insecte
abonde.

La compagnie des Indes avait coutume de doubler
ses vaisseaux et de piquer dans le doublage des clous
de fer, à tête plate, de huit lignes de diamètre. La
rouille, détachée des têtes de clous, s'étendait sur
le bois dans les vides infiniment petits qui restaient
entre ces têtes. Cela suffisait pour les garantir de la
piqûre des vers. Le mailletage nuit, d'ordinaire, à la
marche du vaisseau ; c'est pourquoi on lui préfère
aujourd'hui le doublage en cuivre, qui réunit les deux
avantages d'une marche avantageuse et d'éloigner ces
insectes.

m'assurant que son sillage serait de quatre lieues à l'heure.

Le bâtiment réparé, je m'occupai de son lest. Je fis placer quarante tonneaux de gueuses, distribuées sur l'avant et l'arrière : chaque gueuse pesait cinquante livres. On les transportait à chaque minute d'un endroit à l'autre pour obtenir un juste équilibre; ce qui n'offrait pas une médiocre difficulté dans le chargement, car la frégate sans lest tirait six pieds d'eau sur le devant, et onze par derrière. Pour vaincre cette énorme différence, je mis trente tonneaux sur les deux côtés de l'écarlingue, au pied du mât de misaine, et les dix autres furent déposés par égale partie, depuis ce mât jusqu'à l'archi-pompe (1). Ce moyen me donna presque entièrement les lignes d'eau si nécessaires, encore une fois, à la marche des navires de toute grandeur.

---

(1) Retranchement carré qui est à fond de cale pour conserver les pompes.

En janvier 1781, M. Dègle, administrateur chargé de l'armement de *la Chimère*,
me donna l'ordre d'aller à Bordeaux pour y
prendre des comestibles et des marchandises. Je partis avec un fort bâtiment de
cette ville, *le Duc de Grammont*, qui
revenait de Saint - Domingue. Armé de
vingt-deux pièces de canon, il était commandé par le capitaine Grammont (1).
Comme ce navire jouissait d'une grande estime pour sa vitesse, je vis avec plaisir l'occasion favorable de juger la marche de ma
frégate. Nous appareillâmes ensemble du
Port-Louis, à huit heures du matin, avec
un fort vent de nord-est. La marée jointe
au vent nous poussait tellement que nous
faisions plus de cinq lieues à l'heure ; ce qui
nous obligea la nuit de nous mettre en travers sous nos huniers pour ne point dépasser
l'entrée de la rivière ; et à neuf heures et
demie de la matinée, nous mouillâmes à

---

(1) La rencontre des deux noms est singulière.

Pouillac *. Dans cette courte traversée , j'observai la supériorité de *la Chimère* sur le
navire qui l'accompagnait, car le *Duc de
Grammont* portait toutes ses voiles, tandis
que la frégate n'avait dehors que ses huniers;
et même avec cette seule voilure, j'étais encore souvent contraint à déployer le perroquet de fougue (1) sur le mât afin de ralentir sa marche.

Un très-adroit pilote leva mes ancres et
conduisit la frégate auprès du château Trompette. Je descendis à terre ; j'allai chez M. Borel, mon correspondant, qui me dit : «Vous
» resterez peu de temps ici ; votre charge-
» ment est complet et préparé ; disposez-vous
» à le recevoir. Vous porterez beaucoup de
» vin. Des arrimeurs le placeront solidement

---

* Il y a cent-trente-quatre lieues de Nantes à Pouillac.
Cette route a été faite en vingt-cinq heures. Si *la Chimère* eût déployé toutes ses voiles, elle aurait pu
faire à l'heure neuf ou dix lieues.

(1) Ou d'artimon.

» et sans danger pour les pièces, à l'égard
» des fardeaux qu'on y pourrait poser. »

Je reçus plus de six cents pièces de vin et
des barils de farine, après quoi *la Chimère*
descendit à Lormont *. Elle n'aurait pu passer sur un banc de sable voisin, si on l'eût
chargée davantage.

Comme je logeais chez M. Borel, un gen-
darme de la marine vint m'ordonner à huit
heures du matin de la part de M. Le Moine,
commissaire général, de me rendre chez lui
à onze. « Soyez exact, me dit cet homme. »
— « Que me veut le commissaire? » — « Je
» n'en sais rien. » — « Est-ce une affaire pres-
» sante? ».— « Je l'ignore. Vous êtes averti ;
» prenez bien garde de manquer à son or-
» dre, car c'est un homme qui n'entend nul-
» lement la plaisanterie. » — « Cela suffit ;
» dites à M. le commissaire que je me ren-
» drai chez lui à l'heure indiquée. »

---

* A une lieue et demie de Bordeaux.

En effet j'allai au bureau, où l'un des commis, ayant su qui j'étais, me fit annoncer
par un domestique. J'avais hâte de voir cesser mon incertitude. Entré dans le cabinet
de M. Le Moine, celui-ci se lève, prend un
paquet, me demande si je porte réellement le
nom de Jean-François Landolphe, commandant *la Chimère*. Cette question étant réso-
lue affirmativement, il me dit : « Recevez ce
» paquet qui renferme le brevet de lieutenant
» de frégate, pour servir à la suite des armées
» navales de Sa Majesté. Le ministre me l'a-
» dresse, en approuvant votre nomination
» au commandement de *la Chimère*. Vous
» reconnaîtrez, par la lettre de Son Excel-
» lence le maréchal de Castries, les bontés
» dont le roi vous honore. »

Le brevet passa dans mes mains; je le reçus
avec autant de plaisir que de surprise, ne
pouvant imaginer les motifs d'un pareil avan-
cement. Le commissaire ajouta : « Son Excel-
» lence ne borne point là ses faveurs; elle

« veut vous donner une autre marque de
» confiance, mais vous ne la connaîtrez
» qu'au moment de votre départ. »

M. Borel, à la vue de mon brevet, prit part
à ma joie et m'assura que ce témoignage de
considération de la part du Gouvernement
allait augmenter la confiance des négocians
de Bordeaux, qui devaient opérer un chargement sur *la Chimère*. Je n'ose dire qu'il avait
raison de s'exprimer ainsi ; mais je sais que
les assurances, qui s'établissaient sur les
autres navires à raison de trente-cinq à quarante pour cent, ne furent portées qu'à trente
pour la frégate. Il est aussi juste de convenir
que sa vitesse extraordinaire entrait pour
beaucoup dans l'avantage de ce marché.

Le chargement étant complet, *la Chimère*
revint à Pouillac. Il y avait dans ce port plusieurs bâtiments chargés et armés prêts à
mettre à la voile pour Saint-Domingue, notamment *le Monsieur*, capitaine Chicou,
portant vingt-quatre pièces de 12 ; *la Sirène*
de Marseille, ayant dix - huit pièces de 18,

avec deux nombreux équipages. Dix autres
navires de diverses grandeurs portaient chacun de huit à douze canons de différents
calibres.

J'étais sur le point d'aller au port de Rohan,
à l'embouchure de la rivière, pour déployer
les voiles au premier vent favorable, quand
le commissaire-général m'ordonna d'escorter
ces bâtiments jusqu'à Saint-Domingue. Tous
les capitaines vinrent à mon bord et me donnèrent communication des lettres de leurs
armateurs, qui leur mandaient de se rallier
à *la Chimère.* Je dressai de suite un tableau de
signaux que je leur donnai pour le jour et la
nuit : nous prîmes la résolution mutuelle de
nous défendre avec honneur, si l'on avait la
témérité de nous attaquer. Les capitaines
furent unanimes dans l'idée que trois de nos
navires pouvaient battre une frégate de cinquante canons, en l'approchant à la fois de
trois côtés. Quoiqu'il y eût une frégate anglaise en croisière dans l'ouest de la côte
d'Arcasson jusqu'à l'ouest de l'île de Rhé,

je prévins ces messieurs que j'allais appareiller.

Dans cette disposition une lettre me parvint ; elle était de M. Borel qui me prescrivait, au nom du ministre de la marine, de remonter le fleuve jusqu'à Pouillac pour mettre ma frégate en sûreté. Cette lettre devait me surprendre, puisque les ordres du ministre arrivent par une autre voie que celle des négociants ou correspondants du commerce ; je n'y eus donc aucun égard. C'était à quatre heures du matin que la lettre de M. Borel me fut remise au lit. J'appelai mon second : « Faites monter à bord, lui dis-je, » les quatre hommes arrivés à l'instant » même dans une chaloupe, avec le pilote » qui m'a remis un message dont le contenu » n'a pas le sens commun. Posez à l'embar- » cation une chaîne, qui sera fermée par un » cadenas ; vous m'en apporterez la clef. » Le pilote effrayé de cette mesure m'en demanda la cause. Je tâchai de le rassurer en lui représentant que l'affaire m'était personnelle, que je prendrais un soin particulier de ses hommes comme de lui-même, et qu'il serait indemnisé de la perte de son temps.

Les capitaines, officiers, matelots de tous les navires, s'épuisant en conjectures sur le motif de la détention du pilote et de sa chaloupe, consacrèrent cette journée à mander leur départ ou d'autres nouvelles à leurs parents et amis. J'attendais avec une extrême impatience un bon vent pour m'éloigner, car j'appréhendais à chaque minute de recevoir des bureaux de la marine l'ordre de rentrer ; nécessité qui aurait certainement exigé ma soumission.

Dans le cours de mes craintes, je consultai mon pilote côtier sur le moment où il croyait me faire sortir du fleuve : « Je vous » donne ma parole d'honneur que demain » matin à quatre heures vous serez en mer. » D'après cette conviction du pilote, je fis tirer un coup de canon afin d'annoncer le départ. Tous les équipages se réjouirent à ce signal.

Comme ce marin l'avait prédit, un grand vent s'éleva dans le nord à l'heure désignée. Nous sortîmes du fleuve à pleines voiles. J'emmenai jusqu'à dix lieues au large la chaloupe et son pilote. Là, je lui donnai cent vingt francs dont il parut fort satisfait, et je le renvoyai à Bordeaux : mais avant de partir il voulut obtenir une réponse à la lettre qu'il m'avait remise. « Dites au négociant qui » vous envoie, que vous m'avez vu sous » voile en mer partant pour Saint-Do- » mingue. Votre conscience est à l'abri par » là de tout reproche, puisque rien n'est » plus vrai. » — « La réponse venue de si » loin paraîtra singulière. » — Allez, conti- » nuai-je, le reste me regarde; je couvre votre » mission de ma responsabilité. » Le pilote s'inclina, partit, et reprit la route du fleuve avec le même vent qui nous favorisait en haute mer.

A quatre heures du soir, comme nous étions poussés dans l'ouest-sud-ouest, on m'annonça l'apparition d'un grand bâtiment.

Monté dans la hune je reconnus de suite que c'était une frégate anglaise. J'ordonne le branle-bas et me dispose au combat. Je fais signal aux plus forts navires que j'escortais de former la ligne de bataille sans nous écarter de notre chemin. La frégate ennemie voyant cette manœuvre tint le vent, et nous laissa la voie libre.

Nous naviguions par un très-beau temps ; mais le 30 avril, étant dans l'est à quarante lieues de Saint-Domingue, vers les deux heures après-midi, nous découvrîmes une autre frégate anglaise directement devant nous, se tenant en travers, ses basses voiles carguées. Nouveau branle-bas de notre part. J'ordonne au *Monsieur* de battre l'ennemi par babord, et à *la Sirène* d'attaquer en poupe ; je me dispose à la combattre par tribord. Je force de voile. La frégate prend sa route au sud en laissant tomber ses voiles basses. Je l'atteins en peu de temps. Croyant être secondé je l'attaque avec vigueur par une volée ; je reçois la sienne sans avarie, bien que tirée sur mes mâts : ripostant par une seconde, je m'aperçois avec une douleur aisée à comprendre que les deux navires, au lieu de m'appuyer, prenaient la fuite dans l'ouest. Navré d'un si cruel abandon, j'eus bientôt formé la résolution de m'échapper au nord, et virant de bord très-promptement, j'eus plus tôt orienté mes voiles que l'ennemi qui ne prévoyait aucunement cette manœuvre. Toutefois la frégate voulut prendre exemple sur moi pour me donner la chasse avec toute sa voilure, mais la marche de mon navire supérieure à la sienne me dégagea de sa poursuite.

Malheureusement la route que je suivais dans l'ouest-nord-ouest me conduisait sur les écueils des Cayes d'Argent, et je ne pouvais changer de direction sans me retrouver sous la volée de la frégate. J'eus l'idée de faire, à dix heures du soir, une fausse route au nord afin de passer auprès des îles Turques : ce projet me réussit fort mal, car à huit heures *la Chimère* toucha les roches, et nous donna de si fortes secousses que nous gardions avec peine l'équilibre sur le pont : je pensais la voir s'ouvrir à chaque minute. C'était non seulement la seconde fois, comme on doit se le rappeler, que cet accident m'arrivait, mais précisément au même mois, au même jour, à la même heure, au même lieu, et dans la même circonstance (1), puisque c'est le 30 avril 1779, à huit heures du soir, que, poursuivi par la frégate *la Mégère*, j'échouai sur les Cayes-d'Argent.

L'équipage, frappé d'effroi, voulait confier les canots et la chaloupe aux flots, et déjà les palans allaient servir lorsque je m'opposai avec violence à sa volonté, le menaçant de diriger sur lui une pièce de canon s'il me quittait. J'observai que le navire ne prenait pas une goutte d'eau ; qu'en jetant, hors quatre pièces, les canons à la mer, et vidant

____

(1) Voyez page 183 de ce volume.

les futailles pour en pomper l'eau, le salut semblait certain. On prêta l'oreille à ce langage et l'exécution suivit mes ordres.

A dix heures le navire étant allégé, les ondulations l'élevèrent au-delà des roches, et bientôt la sonde annonça quinze brasses. Nous flottions sur les lames, ce qui combla de joie l'équipage. On déploya la misaine; on marcha vers l'ouest sous cette légère voilure, faisant une lieue à l'heure. A deux heures du matin on ne trouva plus de fond; dès lors je me crus délivré des écueils. Ayant déployé les quatre voiles majeures, on gouverna (1) dans la partie de l'ouest-sud-ouest jusqu'au jour. Nous ne vîmes alors ni vaisseau ni terre. J'avais droit de pester contre les Anglais, et je m'en acquittai à la satisfaction de tous ceux qui m'entendirent.

Je donnais un libre cours à mes réflexions sur le double évènement des Cayes d'argent et sur la bizarrerie de certaines rencontres,

---

(1) Les marins font presque toujours ce verbe neutre.

quand je commandai d'augmenter la voilure en gouvernant au sud-ouest *, afin de m'assurer de la position de Saint-Domingue. Nous faisions près de quatre lieues par heure. A midi je reconnus le Vieux-Cap. Nous marchâmes vers le Cap-Français toute la nuit. Le lendemain 2 mai, l'on était par le travers de la Grange, et à deux heures après midi nous entrâmes au port, en présence des habitants et des officiers de marine, qui nous congratulèrent sur notre arrivée, car le matin même à six heures une escadre anglaise avait levé le blocus du port.

Je mis de l'empressement à savoir des nouvelles des bâtiments que j'avais escortés jus-

---

* Cet ouvrage pouvant être utile aux navigateurs, les autres lecteurs m'excuseront d'employer si fréquemment les expressions qui ont rapport aux vents et à la marche des vaisseaux. Peut-être que les uns trouveront l'intérêt d'une histoire où ceux-ci ne verront que l'aridité d'un journal. Ce dernier point est peut-être aussi une vérité dont, pour plaire à tous, je ne saurais sauver l'inconvénient.

qu'au moment de mon action avec la frégate ennemie. Aucun n'avait paru. Je présumai qu'ils s'étaient dirigés vers le Port-au-Prince ou Saint-Marc; mais le jour suivant ils arrivèrent, à l'exception du *Monsieur*.

J'allai voir MM. Russi et Gauget qui devaient me fournir des renseignements sur l'état du commerce. Ils me conseillèrent de hâter la vente de ma cargaison si je voulais obtenir de gros bénéfices. Je louai un trèsvaste magasin de trois mille six cents francs par mois; j'y déposai les vins, les farines, etc. Je tombai des nues en voyant acheter les barils de farine quatre cents francs chaque, et les barriques de vin neuf cents. Tout fut enlevé en un moment. On peut juger de l'avantage que je recueillais de ces marchandises, malgré le frêt et l'assurance, en considérant que chaque baril de farine coûtait à Bordeaux trente-deux francs, et la barrique de vin cinquante. Il faut encore ajouter à cette considération que les produits de la vente furent consacrés à l'achat de cafés, que je payais neuf sous la livre et que je vendis plus tard en France cinquante sous. Cet énorme gain s'étenditsur les toiles, mouchoirs, indiennes, mousselines, basins, chapeaux, souliers, etc., où je n'avais pas moins de deux cents pour cent de bénéfice.

Les navires que j'avais convoyés profitèrent des mêmes avantages, car depuis près d'un an aucun navire français n'était venu dans la colonie. Il y avait donc, avant notre arrivée, une disette complète de marchandises. A peine la vente des autres cargaisons était-elle opérée, deux cents bâtiments de France, escortés par la flotte de M. de Grasse, vinrent mouiller au port de cette ville; ils étaient encombrés de marchandises et de denrées de toute espèce. Cet immense transport en fit tellement baisser le prix qu'il fut malaisé de les vendre au taux de l'achat en France. De leur côté, les négociants du Cap augmentèrent la valeur des cotons, sucres, cafés, etc. ; ce qui aggrava le malheureux état des capitaines nouvellement venus : aussi la plupart mirent-ils leur cargaison en vente judiciaire, afin de remporter au moins en échange quelques denrées coloniales. Ce convoi était le plus considérable qu'on eût encore vu dans ce pays.

Un mois après mon arrivée au Cap, plusieurs négociants de cette ville reçurent de la Jamaïque la nouvelle de la prise du *Monsieur* par la frégate anglaise *le Diamant* de 44, que commandait le fils de l'amiral Parker. C'était celle que j'avais commencé de combattre, et que j'aurais infailliblement enlevée si le capitaine Chicou, commandant *le Monsieur*, et son collègue m'avaient soutenu selon leur devoir. *Le Diamant*, perdant l'espoir de m'atteindre, avait cessé de me poursuivre afin de s'attacher aux navires de mon escorte. *Le Monsieur* tomba bientôt en son pouvoir, fut conduit à la Jamaïque et vendu quinze cent mille francs. Cette triste nouvelle produisit une vive sensation parmi les commerçants du Cap.

Lorsque j'eus établi tous mes comptes de

vente et d'achat, je fis pour les divers propriétaires trois parts des marchandises nouvelles *, qui furent chargées sur trois différents navires, le mien compris. J'adressai les
factures et les connaissements, relatifs aux
pacotilles, à mes commettants par la voie d'un
navire neutre danois.

Il fallut encore une fois songer à remplacer l'artillerie sacrifiée dans mon échoument;
mais avant d'agir je présentai une requête
au procureur-général de l'amirauté, en le
priant de nommer d'office des capitaines et
des charpentiers autorisés à visiter *la Chimère*. Ce fonctionnaire y eut égard; la visite
étant achevée, on décida que la frégate pouvait entreprendre un voyage de long cours.
Je reçus un double du procès-verbal qui fut
dressé à cette occasion et enregistré au greffe
de l'amirauté.

---

* Le café, première qualité, me coûtait 8 et 10
sous la livre; les plus beaux sucres terrés 53 et 56
francs le quintal, et les cotons 105 et 110 francs même
poids.

Ayant pris un chargement de trois cents barriques de sucre, deux cents milliers de café, cent cinquante balles et ballots de coton que je fis placer en bastingage (1), j'achetai quatorze canons de 12 et deux cents boulets de ce calibre. J'eus donc dix huit pièces en batterie, avec six de 4 que j'acquis d'un bâtiment condamné. Celles-ci furent placées comme artillerie légère sur le gaillard d'arrière.

Comptant sur une marche supérieure, bien armé, ayant à bord cent trente hommes d'équipage pleins de valeur, je ne craignais aucun corsaire; j'avais même résolu de partir seul en aventurier pour la France, quand M. de Grasse fit prévenir tous les négociants et capitaines qu'il mettait plusieurs vaisseaux de guerre et frégates aux ordres de M. le comte

______

(1) Abri contre le feu de l'ennemi, que l'on établit sur les plats-bords des vaisseaux, frégates, ou autres bâtiments de guerre, ainsi que sur les tablettes des fronteaux de gaillards et dunettes.

de Boisderud, commandant *l'Actionnaire*
de 74, pour prendre sous sa protection tous
les bâtiments desireux de son escorte. Il s'en
trouva cent vingt, auxquels je pris le parti
de m'unir.

Pour être compris dans la flotte et recevoir une feuille de signaux, je me rendis à
bord de *l'Actionnaire*. Un officier de l'état-
major, après diverses questions sur mon navire, sa force et son équipage, me dit de
venir le jour suivant parler au commandant. Celui-ci me fit répétiteur de ses signaux
en m'adressant ces mots : « Je sais que votre
» navire est bon voilier; vous accompagne-
» rez la frégate *la Renommée* de 44. Vous
» irez souvent à la découverte. Recevez à la
» fois la feuille de mes signaux et celle que
» je destine à toute la flotte. Cette dernière
» feuille est cachetée; vous ne l'ouvrirez que
» dans les deux cas d'une séparation d'avec
» le convoi, ou d'une rencontre de l'ennemi.
» Soyez prêt à sortir du port sous trois

» jours.» Étant ainsi désignée sous le nom de bâtiment d'escorte, *la Chimère* prenait le rang de frégate du roi.

La flotte appareilla le troisième jour. Je reçus l'ordre de m'avancer vers les îles des Cayques et des Débouquements, et de revirer de bord sur l'escadre s'il n'apparaissait aucun navire anglais, ce qui fut exécuté ponctuellement.

On suivait la route de France. Nous étions à quarante degrés de latitude et à cent lieues dans l'est des îles Bermudes. Un furieux coup de vent de sud-ouest nous tourmenta plus de vingt-quatre heures. Le calme ayant succédé à la tempête, on ne vit au loin aucun signe de désastre; seulement la mer restait encore fort agitée. A deux heures de l'après-dîner, un coup de canon tiré du vaisseau *l'Union* de 74, armé en flûte (1), me surprit

----

(1) Gros bâtiment de charge, à fond plat, dont on se sert ordinairement en mer pour transporter des vivres et des munitions.

extrêmement : son boulet passa entre les deux principaux mâts de *la Chimère*. J'en appris la cause en même temps que je vis ce vaisseau couler à fond. Je fis tirer, à mon tour, un coup de canon de détresse pour annoncer sa perte au général, qui donna l'ordre aux vaisseaux et frégates de mettre en panne, et d'envoyer leurs embarcations aux naufragés. Sept cent cinquante hommes flottaient alors sur les cages, les mâts, les futailles vides, etc. : presque tous furent sauvés; j'en recueillis trente-sept dans ma chaloupe; c'est tout ce qu'elle pouvait contenir. Les effets des matelots et la fortune des passagers dont plusieurs étaient possesseurs de trois cent mille francs en or, disparurent sans retour en vingt minutes sous les flots. Qu'on juge de leur désespoir !

Le vent changea du côté de l'ouest et du nord-ouest. La mer était belle et le temps serein. Tous les matins je recevais l'ordre de forcer de voiles en devançant la flotte de cinq lieues, et de m'y rallier en voyant l'ennemi.

Chaque soir je revenais prendre place à l'aile gauche du convoi. J'exécutais avec d'autant plus de plaisir ce commandement, que *la Chimère* doublait aisément la marche des autres vaisseaux.

Ayant aperçu par la latitude de Brest, à cent lieues dans l'ouest, un bâtiment que j'atteignis bientôt, je lui fis tirer un coup de canon en arborant le pavillon français. Il répondit par le pavillon suédois. Étant à la portée de la voix, je l'interrogeai. Après qu'il m'eut fait connaître son dessein d'aller à Lisbonne, et m'avoir assuré de l'absence de bâtiments de guerre ennemis sur son passage, je dis au capitaine de se rendre auprès du commandant de la flotte, pour lui fournir la même explication et d'autres renseignements s'il les exigeait. Le Suédois, feignant d'écouter mon invitation, suivit une route directe pendant trois lieues; mais, dès qu'il se vit à cette distance de moi, il prit un chemin tout opposé.

Cette conduite me devenait plus que suspecte. Je virai de bord en courant sur lui à toutes voiles. Secondé par un grand vent, je faisais quatre lieues par heure; je le joignis en peu de temps. Je lui tire un coup de canon dans la mâture, en lui adressant des reproches de s'être écarté de ce que je venais de lui prescrire. Il s'excusa de ne m'avoir point compris. Cette excuse n'ayant rien de valable à mes yeux, je le contrains de se diriger vers le général, et je l'accompagne.

Aussitôt que M. Boisderud m'eût entendu : « Continuez de chasser en avant, me dit-il, » je prends soin de ce navire; il sera visité » scrupuleusement : en attendant je vais le » placer sous la surveillance d'une frégate » qui saura bien l'empêcher de s'éloigner. » En effet je l'aperçus, le lendemain à la pointe du jour, escorté par une frégate.

A onze heures du matin , j'en vis un autre envers lequel j'agis comme avec le suédois. Celui-ci se déclara danois, venant de Copenhague, allant sur son lest dans les Échelles du Levant. Il avait été visité quelques heures auparavant par un vaisseau anglais de 74, qui faisait partie d'une escadre de vingt-un vaisseaux croisant dans l'ouest de l'île d'Ouessant, et à l'entrée de Brest. J'emmenai ce navire à M. Boisderud. Le commandant ayant reçu la déclaration de ce capitaine fit changer la destination du convoi. On eut ordre d'aller à Bordeaux ou à Rochefort. Mais dans la nuit, les vents tournèrent au sud-est et au sud; ils devinrent aussi contraires que violents : ils augmentèrent si fort que l'on ne put porter de voile; ce qui donna lieu de présumer que l'armée navale anglaise avait levé le blocus de Brest. Nous prîmes de nouveau cette direction, et nous entrâmes dans la rade vent arrière et sans voile. Toute la flotte laissa tomber ses ancres, n'ayant à regretter que la perte si déplorable du vaisseau *l'Union.*

Pour moi, qui étais un peu écarté du convoi et privé de pilote côtier, je passai dans le Toulinguet, lieu d'un accès difficile et dangereux, en ce qu'il faut longer de très-près les rochers qui excèdent la hauteur des mâts. Heureusement qu'en suivant bien la route indiquée sur la carte on arrive à la rade. Je mouillai auprès de *l'Actionnaire.* Aussitôt M. Boisderud m'envoya chercher dans son canot par un officier. Je lui remis la feuille cachetée des signaux. Après m'avoir adressé des éloges trop flatteurs sur ma conduite, il me pria de dîner avec lui.

Je restai dans le port de Brest jusqu'au 15 janvier, ainsi que tous les bâtiments de commerce; car les vents de sud et sud-ouest ne cessèrent de souffler avec impétuosité durant cet intervalle. Mon correspondant, M. Ozenne, vint me voir; il s'embarqua sur ma frégate qui se rendait à Bordeaux, parce que la majeure partie de son chargement était adressée aux négociants de cette ville.

Plus de trente bâtiments appareillèrent avec moi, les uns pour le même lieu, quelques autres pour Nantes, et le reste pour la Rochelle. Il y avait grande apparence que les vents de nord-ouest et d'ouest, régnant en ce moment, nous seraient favorables dans la traversée. Je pris un très-habile pilote côtier qui reçut de moi trois cents francs pour me conduire dans la rivière de Bordeaux. Dieu! que les éléments sont inconstants! Nous étions en vue de ce fameux fleuve, et voilà tout-à-coup que le vent s'élève, et accroît sa furie d'une manière épouvantable. Le pilote, connaissant tout le danger dont nous sommes menacés, refuse d'avancer de ce côté, parce qu'il fallait passer sur des rochers où la mer brisant, blanchissait d'écume; ce qui m'obligea d'aller au large, au plus près du vent, sous les quatre grandes voiles, et de prendre tous les ris.

Ne voyant aucun port ouvert, je côtoyai le rivage d'Arcasson, frémissant d'être englouti dans les sables d'un bord si dangereux. Les coups de mer devinrent tellement effrayants qu'ils nous jetaient deux pieds de sable d'épaisseur sur le pont, quand la sonde nous donnait quatorze brasses ou soixante-dix pieds de profondeur. Nous aurions infail-

liblement péri, si le vent n'eût tourné brus-
quement à l'ouest-nord-ouest; alors l'espoir
des matelots fut ranimé. On gouverna au sud
et sud-sud-ouest, en nous éloignant d'Arcasson. Le vent qui soufflait toujours avec
furie m'emporta le petit hunier; mais l'ha-
bileté des matelots parvint à le remplacer;
c'est à cette voile que je dus le bonheur de
trouver un asile au port du Passage, côte
d'Espagne, près de Saint-Sébastien.

Le lendemain on plaça par mon ordre un
pavillon français sur le sommet de la très-
haute montagne, située à l'ouest de cette
rade, pour indiquer aux autres navires qui
m'avaient suivi le lieu de relâche que j'a-
vais atteint. Ce signal eut un heureux effet,
puisque six bâtiments, bien maltraités, entrèrent au port dans la même journée. Le
jour suivant, sept autres, dont un avait
perdu son mât de hune, arrivèrent au même
refuge.

Pendant cette calamité terrible, M. Ozenne,
couché dans ma chambre, recommandait son

ame à Dieu. Dès que son pied eut touché le rivage, il me sauta au cou, me souhaita bon voyage, en me disant que jamais la fantaisie ne lui reprendrait de courir la mer. Il prit soudain la poste pour Bordeaux.

M. Gabarus, consul français dans cette ville, voyant la réunion de quatorze capitaines, nous dit : « Messieurs, l'Eternel vous a tiré » visiblement d'un naufrage inévitable; il faut » le remercier d'une manière éclatante de ce » divin témoignage de sa bonté. Faites célé- » brer en commun une grande messe en » musique, et chanter un *Te Deum* avec » pompe. »

Cela fut exécuté selon les conseils de M. Gabarus; la messe et les cierges coûtèrent trois cents francs : nous observâmes que les prêtres n'étaient pas moins joyeux que nous de cette auguste cérémonie (1).

____

(1) J'adoucis un peu ce trait, bien que j'aie le scrupule de ne pas commettre la moindre infidélité. J'écarte seulement les répétitions oiseuses.

Nous restâmes long-temps à Bordeaux. Nul autre capitaine que moi ne voulait sortir seul de ce port. Tous me firent considérer qu'en partant sans être accompagné, j'encourrais le blâme universel si je tombais au pouvoir de l'ennemi. On décida que l'on s'adresserait par écrit à la chambre de commerce, en la priant de solliciter du commandant d'armes de Rochefort un bâtiment de guerre pour nous escorter. Nous signâmes tous la lettre. Cette chambre nous répondit que le commandant d'armes n'avait osé prendre sur sa responsabilité de distraire de l'escadre le navire que nous appelions de nos vœux, mais qu'il allait en instruire le ministre.

Le 20 mars, parut la frégate *l'Active* sous le commandement de M. le comte de Puységur, qui fit tirer un coup de canon en arborant la flamme d'ordre. Nous allâmes tous à son bord. Il nous annonça qu'il partirait le lendemain, et nous délivra des feuilles de signaux imprimées. Puis s'adressant à moi : « Vous, M. le capitaine de *la Chimère*, vous

» répétercz mes signaux ; vous servirez d'es-
» corte, et si une frégate ennemie nous at-
» taque, nous la combattrons ensemble. »

Le 21, jour de l'équinoxe, tous les vaisseaux appareillèrent et quittèrent le port
avec des vents de sud violents *. Plus nous
étions écartés des côtes d'Espagne, plus ces
vents acquéraient de force, et presque
aucun bâtiment ne pouvait supporter de
voile. Vers midi le mauvais temps empirant
encore, nous cessâmes de voir *l'Active*. J'é-
tais à quatre lieues en avant de la flotille,
faisant à-peu-près sans voiles quatre lieues à
l'heure. Je reconnus à six heures la tour de
Chassiron ; je voulus entrer dans la rade des
Basques. Le vent augmentant toujours, je fis
serrer la voile et gouverner, la sonde en main.
Guidé sur le feu de la tour, je longeai d'un
peu trop près le banc de roches Antiochat,
situé au pied de la côte ; ce qui eut pour effet

---

* Nous priâmes en vain le commandant d'attendre
un jour, à cause de l'équinoxe.

de nous faire essuyer une lame sourde qui nous couvrit d'eau , en jetant cinquante hommes de l'autre côté du bord. Je fus précipité sur une pièce de canon dont l'affût me causa une blessure très-grave au menton *. Plusieurs matelots reçurent aussi de fortes contusions.

Toujours poussés par la tempête, nous eûmes le bonheur de mouiller à deux heures du matin sous la volée du fort de la petite île d'Aix. Au point du jour, nous fûmes extrémement étonnés d'être sur la rade où s'arrêtent tous les vaisseaux de guerre sortant de Rochefort, pour recevoir leur artillerie et compléter leur chargement.

Ici finit cette campagne dans une frégate qui courut de grands périls. Mes infortunes étaient moindres que les malheurs qui m'entouraient. Plusieurs navires venaient de périr corps et biens sur l'île de Rhé, et la côte de La Rochelle. Des quatorze bâtiments sortis

---

* Elle a près de trois pouces de long.

avec M. de Puységur, un seul avec *la Chi-mère* s'est tiré de cet effroyable coup de vent d'équinoxe. *L'Active* put arriver à Brest. Parmi les navires naufragés, deux furent jetés dans les vignes de l'île de Rhé; ils avaient franchi un banc de rochers au sud et sud-sud-est; on les vit échoués à près d'une demi-lieue de la mer (1). Les habitants ne revenaient pas de leur surprise d'un semblable évènement, car il était inoui. Il fallut démolir ces bâtiments sur la place, en ce qu'il devenait impossible de les remettre à

----

(1) Dans un naufrage à la fin de décembre 1794 sur la rade de Cherbourg, j'ai aussi vu, quelques jours après, la chaloupe de mon bord dans les terres, à plus d'un quart de lieue du rivage. Ce coup de vent ou plutôt cet ouragan dura trois jours. De deux cents navires ancrés sur cette rade, deux seuls purent tenir à la mer; c'étaient la grosse frégate *la Carmagnole*, sans armement et sans mâture, et le vieux vaisseau *le Brillant*, également privé de ses mâts, qui servait de ponton. Mais ce que raconte ic le capitaine est encore plus extraordinaire.

19.

l'eau. Les équipages furent heureusement sauvés.

Mon capitaine en second, Porteau, m'avait depuis peu demandé son congé, afin de remplacer son collègue de l'un de ces deux navires, qui venait de mourir, et gagner par là trois cents francs. Je m'étais efforcé de le détourner de cette résolution, en lui rappelant l'avantage de naviguer sur un bon vaisseau plutôt que sur un faible. Le malheureux, courant sans s'en douter à sa perte, mit tant d'instance à me supplier, que le congé fut accordé. Il y avait trois jours qu'il était sur l'autre bord quand il échoua. Voyant sa position désastreuse, il tenta de se sauver ; mais en sautant sur des ceps de vigne il se cassa les deux jambes. Il demeura dans cet endroit et dans les souffrances que l'on doit imaginer, depuis deux heures de la nuit jusqu'à six, que des habitants attirés par ses cris l'enlevèrent sur un brancard. Le pauvre Porteau se rappela trop tard mes conseils ; il ne put éviter la fatalité qui l'entraînait.

J'appris encore avec un mortel déplaisir que plusieurs bâtiments de notre flotte, ayant pris le feu de la tour des Baleines pour celui de la tour de Chassiron, firent naufrage sur le banc de roches qui porte le premier nom *, pensant entrer dans la rade des Basques ; affreuse erreur qui rendait leur perte infaillible. Cet évènement fut pour ma tête une source nouvelle de réflexions. Une flotte très-nombreuse traverse l'Océan et ne perd au milieu d'une tempête qu'un seul vaisseau. Après trois mois d'attente au fond d'un port de France, quatorze navires essuient un coup de vent qui en submerge ou brise douze dans le trajet d'une centaine de lieues, et sur les deux qui ont lutté avec avantage contre les efforts multipliés des vagues en courroux, le mien est encore le moins maltraité. Mais ces réflexions ne devaient pas se borner là ; j'ai bien d'autres choses à mettre en lumière.

Ayant passé huit jours sur cette rade, je

---

* Banc de roches de la tour des Baleines.

tendis les voiles pour Bordeaux, où j'arrivai sans accident vers les premiers jours d'avril. *La Chimère* y fut déchargée et mise à la disposition de MM. Simon Jeauge et Dupuis, négociants. Tous les autres commerçants intéressés dans la frégate reçurent mes comptes.

Au bout d'un mois, je pris le chemin de la capitale ; j'y revis M. Brillantais, de Saint-Malo, mon ancien correspondant pour l'armement de *la Négresse*. Nous concertâmes le dessein d'armer un navire destiné au voyage des côtes d'Afrique, sous le pavillon d'Autriche. J'allai pour cet objet en Hollande. A mon passage, un négociant d'Anvers me fit naturaliser autrichien. Arrivé à Amsterdam, je vis MM. Fiseau, banquiers, que l'on instruisait de ma mission, et sur lesquels j'avais des lettres de crédit. Ils m'apprirent que deux navires de l'amirauté étaient en vente au port de Middelbourg et m'engagèrent à passer en Zélande afin de les visiter. Ils me donnèrent aussi des lettres pour

M. Vandenbosc. Ce négociant, qui parlait très-bien français, me dit que la vente devait s'effectuer sous huit jours, et que si les objets convenaient à mon dessein il fallait sur cela garder un profond silence.

Ces deux navires se nommaient l'*Attente* et l'*Espérance*; je les trouvai conformes à mes désirs, mais on voulait les vendre ensemble. Je consentis à les acheter en disant à M. Vandenbosc que j'armerais celui qui semblerait plus propre à l'expédition, et que je me déferais facilement de l'autre, en ce que plusieurs capitaines français souhaitaient de se faire naturaliser autrichiens, afin de naviguer avec sûreté dans tout le cours de cette guerre dont on ne pouvait prévoir le terme. « Vous avez rai-
» son, observa le négociant, et si M. Bril-
» lantais y apporte quelque obstacle, je
» prendrai pour mon compte celui que vous
» refuserez comme inutile. » Il me demanda combien je les estimais. « C'est un
» marché avantageux, répondis-je, s'ils sont
» adjugés à vingt mille florins. »

Nous nous acheminâmes vers la salle d'audience ; nous pénétrâmes dans celle des ventes où déjà la foule était rassemblée. Les négociants écrivaient et cachetaient leur enchère. Craignant d'avoir porté trop bas mon évaluation , j'éprouvais des inquiétudes sur le résultat de l'opération, quand le dépouillement du scrutin donna l'avantage de cinq cents florins à M. Vandenbosc. Tous les concurrents se lèvent en apprenant que l'achat est en faveur d'un jeune étranger présent, et ne cachent pas que, s'ils fussent entrés dans. quelque soupçon de mon secret, je n'aurais point eu le même motif de m'applaudir de cette acquisition.

Je pris le commandement du meilleur de ces deux navires * en juillet 1782 ; M. Brillantais lui donna le nom de *la Charmante-Louise*. Il fut réparé, et chargé pour le Benin. M. Vandenbosc, devenu mon correspondant, me fournit les fonds qu'exigeaient les répa-

---

* L'autre fut alors vendu aussi cher que les deux ensemble.

rations et l'armement. Je fis venir de Nantes des officiers de ma connaissance, ainsi qu'un chirurgien que j'avais emmené sur mon bord dans l'une de mes dernières campagnes. Il me fallait quarante-cinq matelots, que je ne trouvai pas à Middelbourg. M. Vandenbosc me conseilla de faire avec lui-même le voyage d'Ostende. Là, je vis d'excellents hommes de mer, qui me suivirent à un prix moindre qu'en France. Mon équipage fut bientôt complet ; il se composait de soixante-cinq individus dont un tiers était français, et les deux autres flamands et hollandais. Vingt-deux canons de 6 formaient notre armement.

Revenu à Middelbourg, je reçus toutes mes provisions de campagne. Le 15 décembre, je sortis de ce port et mouillai en rade afin de profiter des premiers vents favorables. Je tenais de M. Vandenbosc un très-bon pilote connaissant également les côtes de Hollande, d'Angleterre, et tous ces bancs de sables si dangereux dont elles sont semées. Cet homme devait me conduire au-delà du Pas-de-Calais; mais il était convenu qu'à l'entrée de la Manche je le renverrais sur le premier bâteau pêcheur, voisin d'un lieu de débarquement. Cette occasion ne s'offrit point. Je commençais à croire que je serais forcé de l'emmener au Benin. Déjà j'étais à soixante lieues dans l'ouest du Pas-de-Calais, lorsqu'on aperçut un grand navire qui venait de notre côté. Je fis mettre pavillon en berne. Le bâtiment cingla sur moi. Il arbora pavillon danois; il venait de Saint-Thomas et allait à Copenhague. Il consentit très-volontiers à prendre le pilote sur son bord. Celui-ci reçut de moi, avec une gratification, un billet qui l'autorisait à toucher la somme arrêtée pour son pilotage. Il parut très-content et m'accabla de remercîments. Le canot qui l'avait mené au Danois étant revenu et embarqué, nous mîmes toutes les voiles dehors.

Le lendemain, sur les dix heures du matin, le ciel était traversé par des grains qui rendaient la mer difficile. Un assez fort bâtiment, dont le grand mât paraissait tombé, fut aperçu marchant sur nous : il portait pavillon autrichien. Il s'approcha de mon bord pour me demander du secours; il voulait, à l'entendre, replacer son grand mât brisé. Mais je découvris que ce mât qui devait être en pièces flottait sans cassure, traîné par le navire, et que le chef de ces marins plaintifs n'était qu'un rusé corsaire anglais; alors je lui dis : « Retire-toi soudain, car les secours « que je prodigue à des malheureux tels que » toi sont des coups de canon : tu vois ces » pièces braquées et les mèches allumées; si » tu as quelque envie d'en voir l'effet, tu » peux avancer. »

Cette résolution était trop claire pour qu'il conservât le moindre doute sur notre intention ; il vira de bord en s'écriant que c'était avoir une étrange obligeance que de repousser à coups de canon de braves gens qui n'imploraient dans leur malheur que la pitié. Le corsaire avait à peine fait une lieue que je le vis remâté, donnant la chasse à un bâtiment plus fort que le sien.

Je continuai ma route vers les côtes d'A-
frique. J'entrai dans le fleuve du Benin vers
les premiers jours de janvier 1783 : je le remontai jusque auprès de Gathon où j'établis
mon comptoir (1). Mes marchandises furent
vendues bien plus tôt que je ne l'imaginais :
les ayant remplacées par trois cent quatre-
vingt-dix noirs des deux sexes, je descendis
la rivière à la fin d'avril. Je savais que les
approches de la mauvaise saison ne se feraient
guère sentir avant trois semaines. Rempli de
sécurité, je mets à la voile. Hélas! les mêmes
évènements qui m'avaient retardé dans ces
lieux, cinq ans auparavant, se reprodui-
sirent, à de légères différences près. Au risque de lasser mon lecteur, il faut bien que

____

(1) Quoique les comptoirs appartiennent aux nations
et les factoreries aux marchands, je me décide à
laisser ce mot que le capitaine emploie toujours, ainsi
que tous les marins. Cette remarque doit suffire pour
justifier quelques expressions qui ne paraîtraient pas
rigoureusement exactes; c'est ce que j'ai déjà déclaré
dans une autre note.

je les rapporte; peut-être même que plusieurs navigateurs m'en sauront gré.

J'étais déjà parvenu à la première barre quand les vents, venant à souffler dans le sud-ouest et le sud, contrarièrent ma direction. La marée montait, je tâchai de louvoyer pour gagner le vent; mais ce fut en vain, le flux était trop violent. Tout-à-coup le mouvement du reflux s'opère. Je cherche à rentrer dans la rivière; il n'était plus temps, j'échoue : heureusement la mer offrait peu d'agitation. Le navire, qui tirait dix pieds et demi d'eau, n'en avait que neuf autour de lui; ce qui formait un enfoncement de plus de dix-huit pouces. Au retour de la marée, je fus remis à flot et je revins au fleuve.

Je comptais sur des vents de nord-est, mon espoir fut trompé : j'essayai toutefois une nouvelle sortie avec toutes les voiles déployées. Ayant gagné une lieue au vent en louvoyant, je me croyais à l'abri du danger, lorsque j'ai la douleur d'échouer encore sur la dernière barre en dehors. Je suis contraint d'amener les voiles par une mer irritée. Les vagues poussent le navire en travers sur les bancs de sable, avec des secousses terribles. Comme elles roulaient sur le pont et menaçaient de nous engloutir, je fis clouer les prélarts (1) sur les panneaux.

J'espérais que le flux nous serait favorable pour reprendre la route du fleuve; nouvelle erreur! les courants m'entraînèrent dans le sud. Le vent s'étant apaisé, je n'osais laisser tomber l'ancre, de peur de voir enfoncer le bâtiment par la secousse que produisait chaque ondulation. Trois jours nous tinrent de cette manière dans de continuelles alarmes. Enfin, un orage s'élevant au sud-est et la mer montant, le vaisseau commence à sillonner le sable; je fais élever de suite les quatre grandes voiles, et j'ai le bonheur de rejoindre le fleuve, mais fort inquiet sur le moment où j'en pourrais sortir.

----

(1) Carrés de grosse toile goudronnée dont on couvre les écoutilles, afin d'empêcher l'eau d'y pénétrer.

N'ayant en ma possession de vivres que pour six semaines, comment nourrir quatre cents personnes jusqu'au mois d'octobre? c'était une de mes tristes réflexions. Peut-être arrivera-t-il bientôt quelque vaisseau qui m'apportera des secours : c'était une autre idée où je me plaisais à rencontrer une lueur de consolation. Touché de ces pensées diverses, je remontai la rivière jusqu'à la rade de Régio pour trouver un sûr asile contre les mauvais temps.

Le jour suivant, une pirogue se présente portant pavillon blanc, armée de dix pierriers sur pivot et montée par cinquante hommes en armes. Leur chef, âgé de quarante-cinq à cinquante ans, se rend à mon bord et me tient ce discours : « J'apprends » que tu n'as pu franchir la barre, et que tu » es en relâche ici jusqu'au retour du beau » temps. D'après cet avis, déjà parvenu aux » oreilles du roi Bernard à qui cette pirogue » appartient, je m'empresse en son nom de » t'offrir toutes les provisions que tu souhai-

» teras durant ton séjour. » Après m'être
confondu en remercîments de son procédé
je lui dis que je n'avais de ma vie entendu
parler du roi Bernard, bien que ce voyage fût
le quatrième fait en ces lieux. « Hé bien, »
me répond-il avec beaucoup de tranquillité, « le roi te fournira les preuves qu'il
» donne, dans son affection, la préférence
» aux Français sur toutes les nations, et c'est
» pour cela qu'il fait arborer à sa pirogue le
» pavillon de France. »

Comme cette pirogue contenait un grand
nombre d'ignames, je voulus les posséder; il
consentit avec plaisir à me les vendre, en
ajoutant qu'il me les apportait dans l'intention de commencer un trafic avec moi. J'en
achetai trois mille au-dessous du prix de
celles que j'avais payées jusqu'alors. Ensuite
il alla, me dit-il, rendre compte au roi Bernard de l'excellent accueil qu'il venait de
recevoir.

Trois jours après cette visite, il m'arriva
deux autres pirogues, dont l'une sortait de

Gathon, et l'autre était commandée par le capitaine des guerres, Okro. La première portait deux phidors envoyés par le roi de Benin pour me témoigner toute la peine qu'il éprouvait en apprenant, avec ma relâche, les dangers que j'avais courus sur les barres. La seconde, arborant pavillon blanc, armée de vingt pierriers et portant cent six hommes, était expédiée par les ordres du roi d'Owhère. Dès que les phidors furent à mon bord, je les fis passer dans une chambre afin d'éviter leur rencontre avec le capitaine Okro, car je connaissais la teinte de jalousie qui régnait entre les deux peuples, et j'avais intérêt à ménager la protection des deux rois. Okro étant entré dans une pièce tout près de celle des phidors, je le prévins d'accorder son attention au peu de mots que j'allais dire à ceux-ci.

« Messieurs, je ne trouve point de termes
» assez forts pour exprimer combien je suis
» sensible au vif intérêt que le roi prend à
» mon sort. Puisqu'il offre avec tant de bonté
» de soulager mon malheur, dites-lui que

» je le prie de m'envoyer deux mille pièces de
» différentes marchandises dont j'ai besoin
» pour nourrir, par échange, les quatre cents
» individus de mon navire. » Les phidors
partirent aussitôt en m'annonçant que, sous
huit jours, ils m'apporteraient la réponse
de leur maître.

Okro avait entendu ce discours; il me dit
à son tour : « Je vais me rendre auprès du
» roi d'Owhère; je lui mettrai sous les yeux
» l'embarras de ta position. Sois tranquille;
» je veillerai et ferai veiller à la sûreté de
» ta personne, de tout ton équipage et de
» ton navire. J'ai su qu'une grande pirogue,
» expédiée par un prétendu roi Bernard,
» était venue à ton bord. Défie-toi de ce beau
» roi; c'est un sujet rebelle à mon souverain;
» nous le prendrons bientôt : avant un mois
» sa tête tombera *. Tiens-toi sur tes gardes,
» principalement la nuit : ne laisse aborder

---

* Il eut en effet la tête tranchée peu de temps
après, ayant été fait prisonnier dans un combat.

» aucune pirogue. Dans huit jours, et peut-
» être plus tôt, je serai de retour. Je veux
» connaître la réponse que te fera le roi de
» Benin; quelle qu'elle puisse être, celui
» d'Owhère ne t'abandonnera point, car il
» m'a chargé de t'environner de tous mes
» secours. »

La semaine étant écoulée, je vis arriver les
phidors de Benin. Ils me dirent que le roi
consentait à m'avancer les deux mille pièces
de marchandises, mais à condition que mon
bâtiment remonterait le fleuve jusque dans
la rade de Gathon. Cette condition ne pouvait me convenir, parce que les vapeurs ma-
récageuses qui s'exhalent d'une immense forêt dont elle est presque entourée, rendent
cette rade mortelle aux Européens. J'en connaissais trop bien les redoutables effets,
ayant vu périr en moins de six semaines,
dans mes voyages antérieurs, les trois quarts
des matelots de plusieurs navires français,
anglais, hollandais et portugais. Je ne mon-
trai pas moins aux phidors toute ma grati-

tude de la proposition royale. Je les renvoyai avec un présent pour chacun.

Okro, arrivé la veille, avait couché à mon
bord. Je lui communiquai ma réponse aux
deux envoyés; il l'avait entendue. « Je suis
» chargé, dit-il, de te faire conduire, si tu le
» veux, dans la rivière d'Owhère. Ton na-
» vire sera mouillé devant les appartements
» du roi. Là, tu pourvoiras à tes besoins; tu
» y jouiras d'une pleine sécurité en attendant
» le beau temps. Réponds-moi. » J'hésite une
minute... J'entre en conférence avec mes officiers sur ces brillantes promesses. C'était
peut-être une imprudence de se livrer entre
les mains d'un peuple réputé sauvage, et
dont le nom m'était seul connu ; mais d'un
autre côté, la situation cruelle où nous allions tomber étouffait les soupçons, de sorte
que l'on résolut d'accepter l'offre du capitaine des guerres.

Aussitôt que celui-ci fut instruit du résultat de la délibération, il passa sur le pont,
ayant à la main un mouchoir blanc qu'il dé-

ploya ; il l'agitait dans l'air avec force. Dix minutes après ce signal, quarante pirogues de même grandeur, contenant chacune vingt ou trente hommes, sortirent d'une petite rivière, éloignée tout au plus d'une portée de canon de *la Charmante-Louise*. Toutes portaient des pavillons blancs ; elles s'avancèrent sur trois lignes avec une incroyable vîtesse. Lorsqu'elles eurent entouré le navire, Okro me dit que les pirogues et les hommes étaient à ma disposition ; que je pouvais lever mes ancres, fournir des cordes aux nègres pour remorquer mon vaisseau qui, dans trois ou quatre jours, arriverait à Owhère ; qu'aucun accident ne troublerait ma tranquillité.

J'écoutai les desirs de ce brave homme. Les noirs formèrent une triple ligne comme à leur apparition ; ils chantaient, pagayant en mesure, et le bâtiment, ainsi traîné par eux contre le courant, faisait plus d'une lieue et demie à l'heure.

Okro ayant détaché deux pirogues, j'y fis descendre deux officiers pour sonder en avant la profondeur de l'eau, ou les écueils que l'on pourrait rencontrer dans les divers passages. En quittant la baie de Régio, nous entrâmes à gauche dans une grande rivière, coulant au sud-est et au sud-sud-est. On y trouve huit, dix et douze brasses; ses eaux sont excellentes; point de roches ni bancs de sable : des bois aussi variés qu'agréables couvrent ses bords. Il est essentiel de gouverner adroitement pour ne point accrocher les vergues aux branches d'arbres, qui avancent sur tous ces fleuves.

Delà, nous avons passé dans la rivière Jabou *, tout aussi large et non moins profonde que les deux autres. Son cours s'étend de l'est-sud-est à l'ouest-nord-ouest; il est fort rapide et ne s'arrête point à la marée. Après l'avoir parcourue environ huit lieues, nous l'avons quittée pour naviguer sur un point où elle perd son nom. Ensuite on suivit le fleuve de Borodo, qui ressemble à un lac. Il a plus de

---

* Nom que lui donnent les naturels du pays.

deux lieues de large, et sa profondeur au centre est de vingt à vingt-cinq brasses.

Les pirogues avaient beaucoup de peine à remonter contre le courant qui allait à l'ouest; cela m'a donné lieu de présumer que l'embouchure de ce fleuve, dans la même direction que celle de la rivière Formose *, est à la mer : nous ne sentions point alors de marée.

On gouverna durant plusieurs heures à l'est; nous sortîmes de la rivière de Borodo, entrant à droite dans une autre beaucoup moins large et nommée petite rivière d'Owhère dont de beaux arbres ombragent les rives. Elle coule au sud-est sur un fond de douze brasses. Après avoir fait une dixaine de lieues, nous navigâmes sur une autre encore très-large et très-profonde, car elle n'a pas moins de trente à quarante brasses ; son

---

* Ces deux fleuves ont une telle ressemblance qu'on les prend quelquefois l'un pour l'autre, ce qui cause des naufrages.

cours est d'une grande violence. Il m'a paru que le flux, encore qu'inaperçu, occasionnait une crue d'eau, malgré l'extrême rapidité des courants. J'ai examiné l'heure de la marée, prise exactement sur celle du flux de la rivière Formose dont le cours est moins rapide, et je me suis convaincu que, si la marée ne se laissait point observer, il fallait en attribuer la cause aux pluies abondantes et continuelles tombant alors depuis un mois. On doit juger de la force de ces courants qui font faire aux navires, avec le jusant, trois lieues à l'heure (1).

Enfin, ayant encore navigué pendant deux heures vers le sud-est, nous fûmes portés sur un canal devant la demeure du roi d'Owhère. On mouilla par quatre brasses d'eau. Tous les habitants de cette ville *, réjouis de voir la grandeur de *la Charmante-Louise*, nous

---

(1) Le capitaine a déjà dit cela, mais cette répétition est utile aux marins.

* Elle a douze ou quinze mille ames.

saluèrent par des chants et des salves de mousqueterie. Aussitôt que le bâtiment fut amarré, j'ordonnai que l'on tirât vingt-un coups de canon en l'honneur du roi, qui fit répondre par autant de coups de pierriers. On vint m'annoncer que je pouvais descendre à terre, et qu'il me recevrait sans nul retard. Je sortis du bord, accompagné du capitaine Okro.

On m'introduisit dans un appartement du palais, et l'on m'y présenta un fauteuil de fabrique portugaise. Presque au même instant, je passai dans une salle beaucoup plus vaste où se tenait le souverain. Il vint à moi d'un air très-content et me dit : « Tu es malheureux » de n'avoir pu franchir les barres ; je vois » avec plaisir que tu te sois décidé à passer » le mauvais temps chez moi, je t'assure » que tu n'auras point lieu de t'en repentir. » Je songe à nourrir tout le monde que ren- » ferme ton navire. On débarquera demain » les noirs, et les malades trouveront des » soins dans une maison que j'ai désignée

» pour les blancs : des docteurs sont spécia-
» lement chargés de veiller au rétablissement
» de leur santé. »

On conduisit les noirs dans différents villages, proches de la ville d'Owhère; ils furent
logés chez les habitants comme des gens de
guerre. Ceux-ci en reçurent de quatre à six
dans chaque maison, et me donnèrent autant
de petits cauris (1) qu'ils logeaient d'hommes
et de femmes. J'avais quinze blancs malades,
un enseigne compris.

Le roi ajouta : « J'ai commandé que deux
» de mes gens aillent tous les jours à la chasse,
» et deux autres à la pêche. On te fournira
» chaque matin plus de poisson et de gi-
» bier que tes hommes n'en pourront con-
» sommer. »

Les officiers et l'équipage ne se lassaient
point d'admirer les qualités de ce souverain
noir; ils ne revenaient pas de leur surprise

----

(1) Voyez page 98 de ce volume.

de voir tant d'humanité chez un chef si mal à propos qualifié de sauvage.

Notre gaieté recommença, car auparavant tous les marins étaient fort soucieux. Les chasseurs et les pêcheurs, fidèles à l'ordre de leur maître, nous apportaient journellement, tantôt des chevreuils, tantôt des canards, des pintades, des poules-d'Inde sauvages, tantôt des sangliers, ainsi que d'excellentes carpes, des brochets délicieux, des anguilles, et beaucoup d'autres poissons aussi délicats dont j'ignore les noms. Nous recevions en outre cinquante belles ignames, des bananes, des ananas, des cocos, des goyaves (1), mille autres fruits du pays avec du miel, et surtout de l'huile très-fraîche pour la friture du poisson. Cette huile était assurément bien préférable au beurre rance de notre bord. Les poules, les moutons, les cabris sont aussi communs

---

(1) Fruit du goyavier, *poirier des Indes*. Il est long ou ovale, à peu près gros comme une pomme de reinette.

dans ce pays qu'au Benin; j'en recevais au-delà de mes besoins.

Pendant mon séjour en cette contrée, j'allais presque tous les jours voir le roi, qui me recevait avec une bonté continuelle. Dans l'un de nos entretiens, je lui communiquai mon projet de commerce, dont la suite devait être extrêmement avantageuse à son pays, s'il voulait me permettre d'élever un fort sur ses terres, à l'embouchure de la rivière Formose. Il me répondit qu'il accorderait bien volontiers son consentement, mais que cet établissement devant être durable, il devait consulter les gouverneurs des départements de son royaume, et convoquer ensuite une assemblée nationale; que si l'on tolérait l'établissement d'Européens vers ces bords, il donnerait soudain son suffrage pour appuyer mes vœux; qu'au reste l'examen d'une affaire de cette importance exigeait du temps.

Dans les beaux jours, je me promenais aux environs de la ville; trois ou quatre hommes suivaient mes pas; le roi les désignait : cette mesure, disait-il, était prise pour le salut de ma personne qu'il voulait mettre à l'abri des accidents et surtout des bêtes féroces.

Un jour, que j'allais chasser, je m'enfonçai dans une très-belle forêt. J'y considérai des arbres d'une hauteur prodigieuse et qui n'avaient pas moins de trente pieds de circonférence. Les nègres me dirent que c'étaient ceux dont ils avaient coutume de se servir pour construire leurs pirogues. Ils les abattent en y mettant le feu au pied, et les creusent par le même moyen ; c'est ainsi qu'ils leur donnent la façon qu'on leur voit à l'eau. On est étonné de rencontrer de ces pirogues qui ont une longueur de soixante pieds sur dix de large. Des traverses à cinq ou six pieds de distance les unes des autres, et amarrées à chaque bout par des rotins (1), les soutiennent : ces rotins qui sont plus solides que

____

(1) Roseaux des Indes que l'on fend pour en faire des meubles de canne.

des cordages ne se relâchent jamais. Aux deux extrémités de chaque traverse on monte un pierrier sur pivot. J'ai vu des pirogues porter vingt pierriers, cent hommes en armes et quarante pagayeurs. Elles volent sur les flots à l'aide d'une adresse merveilleuse et font au-delà de trois lieues par heure : les noirs les appellent bâtiments de guerre. Rien n'est plus curieux que d'entendre ces Africains chanter en pagayant ; la voix se marie aux mouvements ; l'aviron frappe la mesure avec une justesse parfaite ; un chœur d'Allemands ne ferait pas mieux.

Je restai à Owhère jusqu'à la fin d'août, époque où les pluies commencent à se ralentir. Toutes les réparations du navire étaient achevées. Les malades avaient recouvré la santé. Un seul nègre était mort. Le roi me le fit apporter pour le reconnaître.

Je profitai de mon séjour afin de bien examiner les environs de la ville. Le terrain est très fertile ; les ananas y viennent sans culture. On y trouve en extrême abondance

des oranges, des citrons, des melons, des
giraumonts (1). Le pourpier (2) croît dans les
rues. L'oseille, les épinards sauvages, et
d'autres légumes sont aussi fort communs.
Les matelots en faisaient un grand usage
dans leur soupe; je pense que cela n'a pas
peu contribué au maintien de leur bonne
constitution, en les préservant du scorbut.
Les forêts fournissent aussi des bois d'un
grand prix, tels que le rouge, le bleu, le
jaune, le violet. Le copal n'est pas moins
abondant que tout ce que je viens de rappeler.

Au commencement de septembre, les habitants des villages m'annoncèrent qu'un
certain nombre d'entre eux était chargé de
me conduire incessamment à l'embouchure

---

(1) Plante qui porte un fruit de la forme d'une
calebasse, fort approchant du goût de la citrouille,
et aussi bon à manger. Les Indiens en font un grand
usage contre les crachemens de sang et les maux de
poitrine.

(2) Plante potagère.

de la rivière du Benin. Je me rendis chez le roi, qui me dit de me disposer à reprendre tous mes noirs. Okro vint à bord ; il me livra de la part de son maître six mille iguames et cent régimes de bananes.

Les nègres embarqués, j'allai revoir le roi afin de lui exprimer toute l'étendue de ma reconnaissance, en le priant de fixer la somme que je lui devais pour la nourriture de tant d'individus , comme pour les autres provisions que je tenais également de sa bonté. Je lui proposai mon billet, et lui donnai l'assurance que je l'acquitterais à mon prochain voyage. Mais voici la réponse de ce digne monarque : « Je suis noir, et tu es blanc ;
» quand tu arriveras en France, tu diras à
» tes armateurs que , par toute la terre, les
» hommes se ressemblent malgré leur cou-
» leur ; que le noir et le blanc n'apportent
» aucune différence dans les sentiments d'hu-
» manité ; que les secours mutuels sont une
» loi de la nature. Tu leur diras aussi qu'en
» t'invitant à venir dans mon pays, je n'avais

» pas l'intention de les ruiner. Ainsi, garde
» ton billet. La subsistance de tes hommes
» ne m'a rien coûté. Leurs hôtes, en les rece-
» vant avec un grand plaisir, m'ont voulu
» montrer leur zèle dans l'hospitalité qu'ils
» accordent aux étrangers qui ont besoin de
» secours. Le nombre de tes noirs aurait été
» quatre fois plus considérable que l'on n'eût
» rien exigé pour leur dépense; et s'il faut te
» l'avouer, des habitants m'en ont demandé
» pour les loger, et m'ont fait voir tout leur
» regret de n'en pouvoir obtenir. » (1)

Je me séparai de ce généreux souverain les
larmes aux yeux, et pénétré d'admiration
pour ses belles qualités.

----

(1) Il ne faut pas oublier que ce sont les propres
termes du chef d'un royaume dont presque personne
en Europe ne soupçonne l'existence.

NOTES.

M. LANDOLPHE ayant oublié de me rapporter quelques circonstances de ses Mémoires assez tôt pour les faire entrer à leur place dans le courant de l'impression, j'ai cru devoir les insérer ici plutôt que d'en priver le lecteur.

Nous revînmes . . . . . au Cap-Français (page 51).

En 1769, vers le mois d'août, *l'Africaine* était mouillée à Léogane, au bas de la côte de Saint-Domingue. Le capitaine Desrud avait un logement en ville, éloigné de la mer d'une demi-lieue. Nous dînâmes ensemble. A la suite du repas, il voulut me retenir ; mais, incommodé d'un malaise général qu'augmentait encore une douleur de tête, je desirai revenir à bord. Desrud se plaignit aussi d'un embarras dans tout le corps et n'insista point pour me retenir. Examinant le cours des nuages, il pensa que la journée pourrait être orageuse.

« Puisque vous allez à bord, me dit-il, prévenez
» M. Beaulieu que, s'il voit le ciel se noircir dans le

» nord, il fasse épisser deux cables * au bout l'un de
» l'autre, dont les extrémités seront attachées à l'au-
» cre ** et au pied du grand mât. On les étendra sur
» le pont, afin de les filer au moment de la tempête. »

Le pressentiment de Desrud était fondé. Toute la
partie du nord devint ténébreuse. M. Beaulieu fila ses
cables. L'ouragan se déclare ; les habitants sortent de
chez eux, jetant des cris d'effroi. Un bruit souterrain
se fait entendre; la terre tremble ; deux mille maisons
tombent renversées : leurs toitures vont se disperser à
cinq cents pieds de là. Les deux sommets des montagnes
le Petit-Gouaive et *le Grand-Gouaive*, séparés de plus
de trois lieues, viennent tout-à-coup s'unir *** ; les
arbres et les terres qui les couvraient roulent dans la
mer. C'est depuis cet évènement mémorable qu'on les
appelle *Montagnes-Pelées*.

Les eaux s'élevèrent à plus de vingt pieds au-dessus
du rivage et se répandirent jusqu'à Léogane, empor-
tant tout ensemble débris, hommes et bestiaux. Sur
sept navires mouillés dans ce lieu, *l'Africaine* seule,
grâce à la prévoyance de son commandant, tint ferme
contre la furie des éléments; les autres furent poussés

---

* Ils avaient ensemble trois cents brasses ou quinze cents
pieds.

** Elle pesait deux mille quatre cents livres.

*** Cela ferait presque mentir le proverbe : *Deux montagnes
ne se rencontrent point.*

sur la côte, et périrent corps et biens; Desrud donna ses voiles au gouverneur pour établir des tentes.

Toutes les sources de la plaine disparurent. J'ai vu la terre fendue de plus de quinze pieds de large : une sonde de cinquante brasses, ou deux cent cinquante pieds, n'arrivait pas au fond de l'ouverture. Depuis cette grande catastrophe on a défendu de construire les maisons en pierre.

Dans les parages voisins de l'équateur (page 64).

Les calmes profonds qui règnent sur ces points, à dix ou douze degrés de latitude, m'ont donné l'idée de sonder les doubles courants, et principalement ceux que l'on sent sur les côtes des grands continents. Je prenais une bouteille vide et de verre, comme celles de Sèvre, que je bouchais avec une grande force. Une toile brayée et bien ficelée enveloppait le bouchon. Au bas du vase étaient attachés plusieurs boulets pour la faire descendre perpendiculairement à cinquante brasses. J'observai, par le mouvement de la ligne, que le navire était entraîné dans le sud-ouest, et qu'un courant, à une certaine profondeur, allait au nord-est. L'expérience dura quinze minutes au plus. La bouteille étant retirée, nous la vîmes avec le plus grand étonnement emplie aux deux tiers. Je la débouchai; l'eau qu'elle contenait était douce. Chaque fois que j'ai répété cette expérience, j'ai rencontré le même résultat.

Depuis, ayant consulté sur cette matière les plus habiles physiciens de la capitale, tous m'ont ici confessé leur ignorance (1).

---

(1) Je suis assurément loin d'être habile, encore qu'il me soit arrivé quelquefois de traiter d'objets scientifiques. Cependant, malgré mes faibles lumières, j'oserai prendre la liberté d'émettre une opinion sous la forme du raisonnement, au risque de pécher contre la vraisemblance; dussé-je même encourir le blâme des lecteurs qui n'ont pas le courage de la réflexion.

Jamais la sonde en mer n'a dépassé deux mille brasses ou dix mille pieds, ou, si l'on veut, une lieue de poste moins un sixième. Un peu au-delà de cette immense profondeur, une ancre de quatre mille livres ne pourrait plus descendre, à cause du volume de résistance qu'elle éprouverait. Tous les vieux marins qui joignent l'expérience à l'instruction savent cela comme moi.

Appliquons cette résistance à la bouteille dans le degré où elle est descendue, comparé à la profondeur dont je viens de parler; nous trouverons en même temps une pression d'une énorme colonne d'eau de deux cent cinquante pieds ou cinquante brasses. Entre ces deux forces nous imaginerons des gaz si déliés, si ténus, si subtils qu'ils pénétreront par transsudation (1) dans les pores non-seulement du bouchon de liège, mais dans ceux du brai qui le couvre, et peut-être le verre même comme fait le calorique. Ce qui vient à l'appui de mon sentiment, c'est que, malgré toute

(1) On sait que l'eau, dans son équilibre naturel, je veux dire sans courant et sans pression, transsude à travers les pores de certains vases et même de certains corps que l'air ne saurait pénétrer.

Il le déterre avec ses pattes (page 146).

Dans l'île des Morts, on enterrait les cadavres à une très-grande profondeur. Le lendemain nous voyions que les caïmans les avaient enlevés. Quand, au lieu de les inhumer, on les jetait à la mer, nous avions la douleur de les voir disparaître dans la gueule de ces monstres.

Gérard (page 211).

Il est de Marseille. Ayant employé tous ses soins à guérir la fièvre jaune, notamment dans les hôpitaux, il recueillit jadis en Amérique de grosses sommes de ses remèdes, dont l'efficacité fut fréquemment couronnée du succès. Il a fait un très-digne usage de sa fortune; car, dans la guerre de 1815, entre l'Angleterre et l'Amérique, M. Gérard a donné en présent au Congrès une frégate de 40 canons, armée, équipée et montée.

---

la force qu'on avait employée pour chasser le bouchon, on le trouvait encore plus enfoncé en retirant le vase de la mer.

Les gaz, pour s'introduire dans la bouteille, auront pu déposer les parties salines dont ils étaient enveloppés; et, par la loi des affinités, ces gaz auront pu former aussi des vapeurs, dont la condensation rapide offrait alors aux yeux comme au goût un fluide sans saveur, ainsi que des eaux filtrées. Ce qui devrait peut-être le plus étonner dans ce phénomène, c'est qu'il ait eu lieu en quinze minutes, si l'on ne savait d'ailleurs avec quelle promptitude la nature opère quelquefois ses merveilles dans son divin laboratoire.

Voici comment M. Hyde de Neuville s'est exprimé sur ce sujet, à la Chambre des Députés, dans la séance du 9 avril 1823. « Pendant l'épidémie de Philadelphie » en 1793, un français créa un hôpital à ses frais; il » était lui-même garde-malade; il ensevelissait les » morts, les portait en terre. Cet homme ne partage » point mes opinions politiques, mais je n'en suis pas » moins l'admirateur de sa belle conduite. Dieu l'a ré- » compensé : de simple pilote, il est devenu l'un des » plus riches négocians du monde; il possède plus de » trente millions; il se nomme Gérard. Je dois le nom- » mer : le nom de l'ami de l'humanité doit être connu » partout dans sa patrie. »

M. Tremboule (page 233),

A peint un admirable tableau, d'une vaste dimension, qui représente une action militaire où figurent des généraux anglais, français, américains. On assure que Washington, Rochambeau, M. de Lafayette et quelques autres y sont parfaitement ressemblants. L'auteur en a fait présent au Congrès, qui l'a placé dans la salle de ses séances.

Je vais emprunter à M. Labarthe un passage de son *Voyage à la côte de Guinée* : il servira de point de comparaison avec le récit de M. Landolphe. Si l'on observe quelque différence, n'oublions pas que ce capitaine a fait de fréquents voyages au Benin, et qu'il a passé six ans aux environs. L'auteur du *Voyage* écrit *Porte-Nove, Badagri*, *M. Brillantois-Marion*. M. Landolphe dit : *M. Marion Brillantais*, *Patagri*, *Porto-novo*, ainsi que prononcent les Portugais. Il en est de même d'Owhère que l'on écrit de diverses manières, avec une prononciation semblable.

———

« De tous les navigateurs, dit M. Labarthe, qui ont visité la côte d'Afrique, par ordre du gouvernement, depuis 1783 jusques et compris 1790, aucun, excepté M. de Flotte, n'a été au Benin, soit parce qu'ils étaient partis **trop** tard de France, soit à cause du défaut de vivres.

» M. Bonnaventure n'était parti de France qu'au mois d'avril 1788; il se trouva à la côte dans la saison des pluies : il était encore le 28 août dans la rade de Juda. M. de Flotte, au contraire, ayant fait voile de France en décembre 1786, se trouva mouiller à Juda le 5 avril 1787, et à la rivière de Benin, le premier mai suivant.

» Nous puiserons dans le mémoire de cet officier, quelques renseignements sur cette partie.

» De Juda à la rivière de Benin, on compte 64 lieues : on rencontre d'abord un village qu'on appelle *Épée*, puis on aperçoit *Porte-Nove*, qui est remarquable par deux bouquets de bois : comme il dépend du roi d'Ardres, M. de Flotte crut devoir passer avec ce roi un traité par lequel ce prince a consenti à céder un terrain convenable, moyennant 3o onces en marchandises (*a*), et à condition que les bâtiments nationaux qui feraient la traite chez lui paieraient 2oo onces de coutumes.

» Cet officier observait, à l'occasion des coutumes payées par les bâtiments du commerce, que l'usage des Anglais est plus avantageux que le nôtre, en ce qu'ils ne payent pas leurs coutumes tout d'un coup, mais à mesure qu'ils avancent dans leurs opérations.

» Entre Porte-Nove et la rivière de Benin, on trouve deux endroits de traite, l'un appelé *Badagry*, l'autre *Ahoui*.

» Le premier soin de M. de Flotte, en arrivant à la rivière de Benin, fut d'envoyer deux officiers (MM. Legroing et Balon)(1) vers le roi du pays.

(*a*) Une once (marchandises) est composée de 16 écus. Il y a des marchandises dont l'once est plus chère, par exemple, des étoffes de soieries, et d'autres, comme la poudre à feu, l'eau-de-vie, etc., dont l'once revient moins cher ; le prix commun de l'once (marchandises) est 4o fr.

(1) M. de Flotte, à son arrivée, pria M. Landophe de l'accompagner à Benin pour voir le roi. Le jour même qu'il devait partir, M. de Flotte tomba malade, c'est pourquoi il envoya deux officiers vers le souverain.

» Voici les détails que M. Legroing transmit à
son retour à M. de Flotte.

» La rivière de Benin, dit M. Legroing, est située
dans l'intérieur des terres, à 28 lieues de l'embouchure
de la rivière Formose; sur la rive droite de cette rivière, à 70 lieues de son embouchure, on trouve la
rivière de Benin, que l'on remonte avec des goelettes(a)
jusqu'à Agathon, village situé à 18 lieues plus haut. Ce
village est élevé de plus de 5o pieds (1) au-dessus du niveau de la rivière; il est composé d'une quarantaine de
cases : ces cases sont bâties en terre, elles sont polies
en dedans avec beaucoup d'art : nous visitâmes
l'emplacement d'un établissement hollandais détruit
depuis plus de quarante ans (en 1747), et qui est
situé à une égale proximité du village et du chemin
qui conduit au Débarcadaire : un fort serait bien
placé dans cet endroit.

» Nous envoyâmes, continue M. Legroing, un exprès au roi de Benin, pour le prévenir du désir que
nous avions de nous rendre chez lui. Le lendemain
nous vîmes arriver deux ambassadeurs, ou plutôt
deux envoyés de commerce, auxquels les Portugais

(a) Ces goelettes peuvent tirer jusqu'à 9 pieds d'eau. Il est bon
d'avoir une grande pirogue pour remorquer la goelette.

(1) M. Landophe (page 53) dit trente pieds.

donnent le nom de *Passadors* : ils sont pris dans la classe des favoris du roi.

» Un de ces envoyés portait, pour marque distinctive, un sifflet d'argent, qu'il nous obligea de toucher, pour que nous ne doutassions pas de sa qualité.

» Nous étions au nombre de quatre Européens (*a*), et nous avions trente nègres pour porter nous et nos effets. Nous nous arrêtâmes à Gaure, village à cinq lieues d'Agathon. Le 13 mai (*b*) nous arrivâmes à Benin, nous ne mîmes que dix heures à faire ce trajet.

» La route d'Agathon à Benin est très-fréquentée par les natureis; elle est plantée d'arbres de différentes espèces, en sorte que l'on est continuellement à l'abri du soleil.

» Ces arbres sont très-gros et très-élevés : quoiqu'ils aient jusqu'à vingt-quatre pieds de circonférence, il arrive souvent qu'ils sont détruits par les ouragans.

» On voit, sur la route, des cases placées de distance en distance, qui sont destinées à abriter les voyageurs; quoique la plupart ne soient pas occupées, on y

---

(*a*) M. Landolphe, chef d'un établissement, au bas de la rivière Formose, était de ce nombre (1).

(*b*) Ils étaient partis le 7 mai.

(1) Ainsi que M. Palisot de Beauvois.

trouve des rafraîchissemens en fruits du pays : ceux qui profitent de ces secours mettent le prix de ces objets dans l'endroit où ils les ont trouvés, et il n'est jamais arrivé que cela ait été volé.

» Avant d'entrer dans la ville de Benin, nous allâmes voir le capitaine des guerres, chez lequel les étrangers sont obligés de s'arrêter pour se laver les pieds.

» Nous reçûmes de ce capitaine un accueil flatteur ; il nous fit voir ses femmes, qui étaient richement vêtues.

» Sous une espèce de vestibule on apercevait un mausolée, dont le principal ornement consistait en 8 figures, sculpture en bois : ces figures supportaient huit dents d'éléphant : une de ces dents avait huit pieds de long.

» Le capitaine des guerres nous dit que c'était là le mausolée de son père.

» La ville de Benin est située dans une plaine, et entourée de fossés profonds. On voit les vestiges d'une ancienne muraille en terre ; il serait difficile qu'elle eût été construite autrement, car nous n'aperçûmes pas une seule pierre dans tout notre voyage. Les rues ont quinze pieds de largeur, quelques-unes sont cependant plus larges (1) ; les maisons, en

______

(1) Il y en a beaucoup qui ont plus de cent vingt pieds de largeur.

très-grand nombre, sont couvertes de feuilles de latanier, celles du roi le sont avec de grands bardeaux. Devant ces dernières on a planté deux bosquets en arbres de haute futaie : il nous a paru que c'étaient les seuls arbres plantés par la main des hommes.

» Il faut aller chercher l'eau à une petite rivière située à un quart de lieue de la ville, pour qu'elle soit claire et bonne; les nègres ne boivent que de mauvaises eaux qu'ils puisent dans des creux.

» La population de Benin paraît être considérable : nous logeâmes à l'entrée de la ville, chez un des interprètes du roi : les Passadors vinrent nous féliciter de la part de ce prince, et nous annoncer qu'il ne serait visible que vers la nuit; ils nous apportèrent des présents en vivres.

» Le soir nous fûmes introduits chez le roi : il était assis sur un banc, il avait à ses côtés quatre officiers noirs et deux esclaves tout nus.

» Le roi fit paraître beaucoup de joie en voyant M. Landolphe : celui-ci nous annonça comme venant de la part du roi de France : je remis à ce prince les présents dont j'étais chargé, il en parut très-satisfait. Sur l'observation que je lui fis que le roi de France desirait faire un traité avec lui, il répondit qu'il consulterait à cet égard les grands de son royaume. Notre interprète ne parlant que mauvais anglais, je m'aperçus qu'il était très-difficile de nous faire entendre.

» Le lendemain (14 mai) nous assistâmes à une cérémonie qui fut pour nous un spectacle affreux.

» Sur les 3 heures de l'après-midi, le roi, précédé de gens chargés de tout son corail, accompagné des grands de son royaume, s'avança vers un mausolée placé dans une de ses cours. Il était vêtu de blanc, d'une manière fort simple : une musique lugubre le suivait. Arrivé au rendez-vous, le roi se plaça sur la première marche du mausolée, et chacun se tint debout, en formant deux lignes parallèles ; on nous avait réservé les premières places ; bientôt nous vîmes paraître un malheureux qui avait un bâillon à la bouche : on le fait mettre à genoux, puis un des grands, armé d'une massue, en assène un coup sur la tête de la victime : le sang ayant ruisselé, des nègres, qu'on nomme *Phidors*, s'empressaient d'aller chercher les filières de corail, qui sont les ornements de la royauté, pour leur faire toucher la tête ensanglantée.

» On sacrifia aussi un bœuf et un mouton, et l'on arrosa le mausolée de sang : pendant cette cérémonie, le roi riait aux éclats, et nous faisait signe de regarder.

» Nous fûmes conduits ensuite dans un endroit où l'on nous servit des cocos et divers fruits, du vin, du rum et de la bière. Les appartements du roi sont vastes : ils sont ornés de dents d'éléphant sculptées. Le roi a consacré à son *fétiche* (1) deux de ces dents, aussi il y attache un grand prix.

» Dans une visite que nous fîmes au roi le soir du même jour, 14 mai, je lui fis part d'un projet de traité de commerce exclusif avec les Français ; mais, après en avoir conféré avec son conseil, il nous déclara qu'il voulait laisser le commerce à la concurrence. M. Landolphe obtint la permission de traiter à Agathon, moyennant certaines coutumes.

» Le lendemain 15 nous dînames chez le roi et en sa présence, faveur qu'il n'accorde à aucun de ses sujets : on nous servit un ragoût de mouton accommodé avec des ignames.

» Nous ne pûmes assister à une fête que le roi donna, pendant la nuit, dans l'intérieur de son sérail : ce ne fut qu'à la dérobée que nous pûmes apercevoir quelques-unes des femmes qui le composent (2).

______

(1) *Fétiche* est féminin.

(2) Le roi de Benin possède plus de trois mille femmes dans son sérail. Chacune d'elles est servie par trois négresses. Un capitaine d'eunuques les surveille. M. Landolphe a vu la cour du sérail, mais sans y apercevoir les femmes. Leurs maisons sont alignées comme des manufactures. Les murs ont vingt-cinq pieds d'élévation et cinq d'épaisseur ; ils sont en terre et construits fort solidement. Plusieurs fois le capitaine a pu observer la fête que le

» Le 16 il voulut nous donner une idée de sa puissance, en faisant défiler devant nous tous les riches du royaume en corail : car une marque distinctive est d'avoir plus ou moins de filières de corail : dans les jours de cérémonie ils ont un collier composé de quinze à vingt filières. Les Passadors n'ont que deux filières, et les phidors n'en ont qu'une (1) : s'ils venaient à la perdre ils rentreraient dans la classe du peuple.

» Quant aux coutumes à payer pour traiter les esclaves dans le royaume de Benin, les bâtiments marchands les paient en pagnes : si c'est un grand bâtiment, le roi prend 900 pagnes, un des capitaines des guerres en a 300, chaque ministre du commerce en prend 100; les Passadors en ont 40, et enfin on donne 20 pagnes à chaque Phidor (2) : la pagne est estimée de 40 à 45 sols :

---

roi leur donnait dans une autre cour du palais ; leur maître pleurait de joie en les voyant danser. Le visage et les manières sévères des eunuques contrastaient singulièrement avec l'émotion du souverain.

Il est remarquable que M. Landolphe était toujours seul avec le roi pour contempler ces femmes.

(1) Ceci n'est pas exact. Les phidors et les passadors ne portent qu'un collier (page 113). En outre, la dignité des phidors est supérieure à celle des passadors. C'est parmi les phidors que l'on prend des hommes grands, et jamais dans les passadors.

(2) Si les phidors reçoivent moins de pagnes que les passadors, c'est que ceux-ci sont bien moins nombreux.

le prix d'un nègre bien constitué est de 250 à 280 liv.

» En prenant congé du roi, il nous demanda plusieurs articles en vins, liqueurs, sel, sucre, etc., il nous recommanda surtout de ne pas oublier le beau corail : il nous fit présent, à M. Balon et à moi, de deux dents d'éléphant; les présents destinés pour le roi de France consistaient en une dent d'éléphant et un esclave.

» Avant de partir de Benin, nous allâmes rendre une visite au capitaine des guerres, qui nous accueillit encore mieux que la première fois; car il poussa la complaisance jusqu'à nous conduire dans son sérail, où nous vîmes plusieurs de ses femmes : il nous donna à chacun une pagne en paille.

» De retour à Agathon, nous y retrouvâmes la goelette, et ayant profité du Jussan (*a*) (1), nous nous rendîmes dans la même marée, à l'entrée de la rivière Formose; nous allâmes mouiller à un quart de lieue de l'établissement de M. Brillantois-Marion de Saint-Malo. »

(*a*) *Le reflux de la mer.* Dans la belle saison, la marée se fait sentir jusqu'à Agathon; mais lorsque les grandes pluies surviennent, elles empêchent la marée de monter au-delà de six lieues de l'embouchure; alors les courants sont très-violents.

(1) On doit écrire et prononcer *jusant*.

» Voici l'origine de cet établissement : en 1783, le capitaine Landolphe se trouvant à traiter dans la rivière Formose, le roi d'Ouëre (*a*) lui donna des secours, et promit que désormais il protégerait la traite des Français.

» Dans la même année, le fils aîné (1) de ce roi s'embarqua sur le bâtiment du capitaine Landolphe, pour venir en France, où le gouvernement pourvut à sa dépense.

» Les dispositions favorables du roi d'Ouëre déterminèrent le gouvernement à accorder (*b*) à MM. Brillantois-Marion et compagnie, un privilége *exclusif*, pour faire, pendant trois ans, la traite de la rivière Formose, à l'embouchure de laquelle il fut chargé d'établir un comptoir français sur un terrain concédé au capitaine Landolphe, par le roi d'Ouëre.

» Cet établissement était avantageusement situé pour la traite : en 1787, il consistait en 8 cases en

***

(*a*) Ouëre ou Where. Le royaume d'Ouëre s'étend le long de la rive gauche de la rivière Formose jusqu'à la mer, et communique par l'intérieur avec les deux Kalbars.

(1) Nous avons vu que c'était son neveu, et que M. Landolphe le croyait aussi fils du roi.

(*b*) Arrêt du Conseil d'Etat, du 27 mai 1786.

tièrement achevées, et une qu'on élevait pour servir de logement au commandant ; il y avait de plus une batterie de huit canons de six, et de deux canons de huit.... »

TABLE DES MATIÈRES

CONTENUES

DANS LE PREMIER VOLUME.

FIN DU PREMIER VOLUME.